中国古代兵书

徐静茹　编著

中国商业出版社

图书在版编目（CIP）数据

中国古代兵书／徐静茹编著．-- 北京：中国商业
出版社，2015. 10
ISBN 978 - 7 - 5044 - 8583 - 0

Ⅰ. ①中… Ⅱ. ①徐… Ⅲ. ①兵法 - 中国 - 古代
Ⅳ. ①E892. 2

中国版本图书馆 CIP 数据核字（2015）第 229214 号

责任编辑：张一之

中国商业出版社出版发行
010 - 63180647   www. c - cbook. com
（100053 北京广安门内报国寺 1 号）
新华书店总店北京发行所经销
北京飞达印刷有限责任公司
*
710×1000 毫米   16 开   12. 5 印张   200 千字
2015 年 11 月第 1 版   2015 年 11 月第 1 次印刷
定价：25. 00 元
*　*　*　*
（如有印装质量问题可更换）

《中国传统民俗文化》 编委

序　言

　　中国是举世闻名的文明古国,在漫长的历史发展过程中,勤劳智慧的中国人,创造了丰富多彩、绚丽多姿的文化,可以说人创造了文化,文化创造了人,这些经过锤炼和沉淀的古代传统文化,凝聚着华夏各族人民的性格、精神、智慧,是中华民族相互认同的标志和纽带。在人类文化的百花园中摇曳生姿,展现着自己独特的风采,对人类文化的多样性发展作出了巨大贡献。中国传统民俗文化内容广博,风格独特,深深地吸引着世界人民的眼光。

　　正因如此,我们必须深入学习贯彻十八届三中全会精神,按照中央的规定,加强文化建设。2006 年 5 月,时任浙江省委书记的习近平同志就已提出:"文化通过传承为社会进步发挥基础作用,文化会促进或制约经济乃至整个社会的发展。"又说:"文化的力量最终可以转化为物质的力量,文化的软实力最终可以转化为经济的硬实力"。(《浙江文化研究工程成果文库总序》)今年他去山东考察时,又再次强调:中华民族伟大复兴,需要以中华文化发展繁荣为条件。

　　学习习近平同志的重要讲话,确可体会到,在政治、经济、军事、社会和自然要素之中,文化是协调各个要素协同发展、相关耦合的关健。正因为此,我们应该对华夏民族文化进行广阔、全面的检视。我们应该唤醒我们民族的集体记忆,复兴我们民族的伟大精神,发展和繁荣中华民族的优秀文化,为我们民族在强国之路上阔步前行创设先决条件。

实现民族文化的复兴,更必须传承中华文化的优秀传统。现代中国人,特别是年轻人,对传统文化十分感兴趣,蕴含感情。但当下也有人对具体典籍、历史事实不甚了解,比如说,中国是书法大国,谈起书法,有些人或许只知道些书法大家如王羲之、柳公权等等的名字,知道《兰亭集序》是千古书法珍品,仅此而已。再比如说,我们都知道中国是闻名于世的瓷器大国,中国的瓷器令西方人叹为观止,中国也因此而获得了"瓷器之国"(英语 china 的另一义即为瓷器)的美誉。然而关于瓷器的由来、形制的演变、纹饰的演化、烧制等等瓷器文化的内涵,就知之甚少了。中国还是武术大国,然而国人的武术知识,或许更多地来源于一部部精彩的武侠影视作品,对于真正的武术文化,我们也难以窥其堂奥了。我们还是崇尚玉文化的国度,我们的祖先,发现了这种"温润而有光泽的美石",并赋予了这种冰冷的自然物以鲜活的生命力和文化性格,例如"君子当温润如玉",女子应"冰清玉洁"、"守身如玉";"玉有五德",即"仁"、"义"、"智"、"勇"、"洁",等等。今天,熟悉这些玉文化的内涵的国人,也为数不多了。

也许正有鉴于此,有忧于此,近年来,已有不少有志之士,开始了复兴中国传统文化的努力,读经热开始风靡海峡两岸,不少孩童乃至成人,开始重拾经典,在故纸旧书中品味古人的智慧,发现古文化历久弥新的魅力。电视讲坛里一波又一波对古文化的讲述,也吸引着数以万计的人们,重新审视古文化的价值。现在放在读者眼前的这套"中国传统民俗文化丛书",也是这一努力的又一体现。我们现在确应注重研究成果的学术价值和应用价值,充分发挥其认识世界、传承文化、创新理论、咨政育人的重要作用。

中国的传统文化内容博大,体系庞杂,该如何下手,如何呈现?这套丛书处理得可谓系统性强,别具心思。编者分别按物质文化、制度文化、精神文化等方面来分门别类地进行组织编写,例如在物质文化的层面,就有中国古代纺织、中国古代酒具、中国古代农具、中国古代青铜器、中国古代钱币、中国古代石刻、中国古代木雕、中国古代建筑、中国古代砖瓦、中国古代玉器、中国古代陶器、中国古代漆器、中国古代桥梁等等。

在精神文化的层面,就有中国古代书法、中国古代绘画、中国古代音乐、中国古代艺术、中国古代篆刻、中国古代家训、中国古代戏曲、中国古代版画等等;在制度文化的层面,就有中国古代科举、中国古代官制、中国古代教育、中国古代军队、中国古代法律等等。

此外,在历史的发展长河中,中国各行各业还涌现出一大批杰出的人物,至今闪耀着夺目的光辉,启迪后人,示范来者,对此,这套丛书也给予了应有的重视,中国古代名将、中国古代名相、中国古代名帝、中国古代文人、中国古代高僧等等,就是这方面的体现。

生活在 21 世纪的我们,或许对古人的生活颇感好奇,他们的吃穿住用如何?他们如何过节?如何安排婚丧嫁娶?如何交通?孩子如何玩耍?等等。这些饶有兴趣的内容,这套中国传统民俗文化丛书,都有所涉猎,例如中国古代婚姻、中国古代丧葬、中国古代节日、中国古代风俗、中国古代礼仪、中国古代饮食、中国古代交通、中国古代家具、中国古代玩具、中国古代鞋帽等等,这些书籍介绍的,都是人们深感兴趣,平时却无从知晓的内容。

在经济生活的层面,这套丛书安排了中国古代农业、中国古代纺织、中国古代经济、中国古代贸易、中国古代水利、中国古代车马、中国古代赋税等等内容,足以勾勒出古人经济生活的主要内容,让今人得以窥见自己祖先曾经的经济生活情状。

在物质遗存方面,这套丛书则选择了中国古镇、中国古楼、中国古寺、中国古陵墓、中国古塔、中国古战场、中国古村落、中国古街、中国古代宫殿、中国古代城墙、中国古关等内容。相信读罢这些书,喜欢中国古代物质遗存的读者,已经能大致掌握这一领域的大多数知识了。

除了上述内容外,其实还有很多难以归类却饶有兴趣的内容,例如中国古代的乞丐这样的社会史内容,也许有助于我们深入了解这些古代社会底层民众的真实生活情状,走出武侠小说家们加诸他们身上的虚幻不实的丐帮色彩,还原他们的本来面目,加深我们对历史真实的了解。继承和发扬中华民族几千年创造的优秀文化和民族精神是我们责无旁贷的历史责任。

不难看出，单就内容所涵盖的范围广度来说，有物质遗产，有非物质遗产，还有国粹。这套丛书无疑当得起"中国传统文化的百科全书"的美誉了。这套书还邀约了大批相关的专家、教授参与并指导了稿件的编写工作。应当指出的是，这套书在写作中，既钩稽、爬梳大量古代文化文献典籍，又参照近人与今人的研究成果，将宏观把握与微观考察相结合。在论述、阐释中，既注意重点突出，又着重于论证层次清晰，从多角度、多层面对文化现象与发展加以考察。这套丛书的出版，有助于我们走进古人的世界，了解他们的美好生活，去回望我们来时的路。学史使人明智。历史的回眸，有助于我们汲取古人的智慧，借历史的明灯，照亮未来的路，为我们中华民族的伟大崛起添砖加瓦。

　　是为序。

傅璇琮

2014 年 2 月 8 日

前　言

　　中国古代的兵书，是一座伟大的宝库。仅存留到今天的兵书就有四五百种之多。卷帙浩繁，内容丰富，历史悠久，影响深远。不仅在军事史中占有重要的地位，而且在哲学史、文学史、科学技术史中也占有重要的地位。尤其是其中以阐述战略战术为主的兵法，影响更大，声誉更高。它不仅指导了中国历史上千百次有声有色的战争，培育了众多的著名将帅，而且早在一千多年前就流传到国外，并逐渐被译成多种文字在世界流传，成为国外许多著名军事人物爱不释手和极力推崇的著作。我们可以自豪地说，它是我国一笔珍贵的遗产，是中华民族对世界文化的重要贡献。

　　中国是世界文明古国之一，在大约 5000 年的历史中，创造了辉煌灿烂的文化，军事文化则是其中的重要组成部分。我国古代战争频繁，自传说时代起，就发生过神农伐燧之战、黄帝与蚩尤的涿鹿之战等，其后战争更是此伏彼起，绵延不断。随着战争的发展，总结战争经验的"兵书"层出不穷，卷帙浩繁，内容博大精深，在浩如烟海的古代典籍中，占有重要的地位。其中像《孙子兵法》、《吴子》、《司马法》、《孙膑兵法》、《六韬》、《三略》、《武经总要》、《纪效新书》、《练兵实纪》、《武备志》等著名兵书，更为世界各国军事家所推崇，在世界军事史上闪耀出灼灼光芒。

在惊叹祖先所创辉煌成果的同时，阅读这些兵书，研究其中谋略，汲取它们的精粹，可启迪我们的思维，增长我们的才智。中国古代兵书，充满哲学思想，可以指导我们的工作和学习，不是说《孙子兵法》就是一部战略管理的教科书嘛，这是中国兵书的最大妙用。我们编写此书的目的，也是希望读者能够通过了解中国古代的兵书，领略其奥妙，撷取其精华，得到意想不到的收获和启示。

由于时间的仓促和编者水平的所限，本书中难免有一些疏漏之处，对于历史的见解也难免有个人之见，欢迎广大读者在发现不足之处时，能够批评指正，和编者共同商榷。

目录

第一章 中国古代兵书概述

第二章 先秦至魏晋时期的兵书与作者

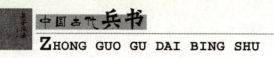

第三章　隋唐至明清时期的兵书与作者

第四章　中国古代兵书的思想

第五章　兵书理论在战争中的运用

中国古代兵书概述

　　中国古代兵书卷帙浩繁,它们是在中国数千年丰富的战争和军事实践中产生并发展的。在发展的过程中,兵书的理论逐渐完善,不仅对古代战争具有指导作用,就是对今日的社会生活也有一定的意义。

第一节
兵书的起源与发展

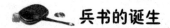 **兵书的诞生**

兵书是战争的产物，凝结着古代军人的智慧和鲜血，是一笔珍贵的文化遗产。古人在长期的军事活动和战争实践中，经过无数次的反复过程，把感觉到的东西上升为理论，把片面零星的认识组织成为连贯系统的文章，便形成了兵书。

兵书应该和其他事物一样，有一个萌芽、形成和发展的过程，即随着人类社会的军事活动和战争实践的发展而发展的历史。研究一下兵书的发生史，对于研究古代军事思想，是不无益处的。

在我国，是从什么时候开始有兵法的呢？这个问题很早就引起了人们的注意。明代人叶子奇的《草木子》中，就有关于兵法起源于黄帝的记载。当然，这种说法并不始于明代，从现在看到的材料，至少汉代已经有了黄帝时代创立兵法的说法，因为汉代班固的《汉书·艺文志》里便著录有《黄帝》16篇，同时还著录有《神农兵法》1篇，可见在汉代人的观念里，兵书的起源是很早的。这种观念对后世影响很大，所以过去一直有"黄帝为兵法始祖"的说法，有些书上还有这样的记载：黄帝所以能征服四方，统一天下，是因为得到宰相风后传授给他的《握奇经》，所以才娴于用兵。这里虽然没有讲是黄帝创立了兵法，而说风后授与黄帝兵法，其实，这也是肯定了黄帝时代已经有了兵法，这与前边提到的说法不算冲突。另外，《孙子兵法·行军篇》中有"凡此四军之利，黄帝之所以胜四帝也"，似乎孙武也是主张黄帝时代即有兵法的。但是，黄帝时代的兵法内容如何呢？因为早已失传，我们已经无从了解了。

以上种种说法，因为没有有力的证据，我们还不能引以为信。我们今天研究兵书的历史，是要以实物和文献记载为根据的，从这个意义上讲，我们认为我国的兵书萌芽于殷商，形成于西周，成熟于春秋时代。

黄帝雕塑

为了说清兵书的发生史，有必要先来简单地介绍一下一般图书产生的时间问题。许多研究文化史的专家认为，在我国，书籍的历史已有 3000 多年了。

《尚书·多士》有这样的记载："惟殷先人，有典有册"。殷代是奴隶制社会，大约开始于公元前 16 世纪。这里说的"殷先人"，当指殷代早期。从甲骨文中看，"册"字一般写作"**"或"**"，形状很像是用绳子串连起来的竹木片——简册。"典"字的上半边，刚好就是一个"册"字，下半边的"丌"，很像是安放"册"子用的物体，我们今天不妨把它理解为古代的书案或书架。

但是，"殷先人"的这种用绳子串连起来的书，只有文献记载，并无实物可证，至今的考古发掘亦未拿到什么证据。所以，当时有无兵书的问题，也就无从谈起了。既然如此，为什么还要说兵书的萌芽时期是在殷商时代呢？这主要是根据甲骨文中有关于军事与战争的记载。

甲骨文是 9 世纪末 20 世纪初对中国古代史研究中的一个重大发现。从有关记载看，早在光绪二十四年（1898 年）以前河南安阳小屯村（殷墟）的农民在耕作中即已发现刻有符号的甲骨，但不知其为何物，常来这里收购古物的商人也不肯收购。但有一位名叫范寿轩的古董商注意了这件事，经别人指点，得知这些甲骨可能是极有价值的文物。他于 1899 年拿了从小屯村购得的甲骨，到天津向王襄等有学问的人请教，始确认为古代文物与古文字。以后，又经过刘鹗、孙诒让、罗振玉、王国维等学者的研究，才弄明白它是殷商时代的遗物，全是些龟腹甲、牛和鹿等兽类的肩胛骨，上面刻写的文字，是占卜的记录，故称甲骨文。据考证，在殷商时代，巫和史是天子身边的重要人物，每当遇有征伐、祭祀、疾病、巡狩等大事，他们都要替天子向上天和鬼神卜问吉凶，并把卜辞和占卜结果刻写在甲骨上，并保存起来。因此，这些被保存下来的甲骨文字，就有着国家文书档案的意义。在当时的统治者心目中，"国之大事，在祀与戎"。所以甲骨文中，有关军事与战争的记载就特别多。有些是占卜征伐用兵是否吉利，能不能得到上天保佑。如有一块甲骨上刻着这样一段话："己酉卜，贞：王正（征）舌方，受我又（佑）？二月。"意思是要去征伐舌方，上天保佑（支持）我们的行动吗？还有些卜辞记载着军旅诸事，如卜问军队是否稳定，会不会出差池。有一块甲骨这样写着："丁巳卜，贞：今夕自（师）亡畎（祸）？宁。"也有些还记载了战争的掠获，如一块代号为"续存下915"的骨片上，就刻写着许多战利品的名称。还有不少的甲骨上记录了方国之间的战争。这些文字虽然极其简单，但却是研究殷商社会最可信的第一手材料。在这个意义上，有人认为甲骨文是中国原始意义或称初级形态的书。其中记载军事与战争内容的，也就应该是萌芽状态的兵书了。近年来，有人就是依据这些甲骨文字，系统地研究了殷商时代的军事制度、战争、兵器及与军事活动密切相关的方国地理等，如赵光贤《殷代兵制述略》、肖楠《试论卜辞中的师和旅》、范毓周《殷代武丁时期的战争》、林小安《武丁臣属征伐与行祭考》、郭宝钧《殷周的青铜兵器》、林沄《甲骨文中的商代方国联盟》等等。

甲骨文

甲骨文之后的金文中，记载军事与战争内容的，也应属于萌芽状态的兵书。商代，出现了铜与锡合金的青铜器，商代后期，人们就在青铜器上铸字。因古人以铜为金，所以青铜器上的文字称"金文"。有人根据金文中关于军事与战争的内容，写出研究商周时代军事情况的论文。

甲骨、青铜等萌芽状态的兵书，为产生系统的军事理论著作——兵书，积累了素材，准备了条件。到了西周时代（约从公元前11世纪，到公元前771年），开始形成专门化的军事著作——兵书。

兵书所以在西周时期出现，是有其客观条件的。

首先，在公元前8世纪以前，发生过多次战争，其规模和影响较大的，有公元前1776年夏商之间的鸣条之战，公元前1122年的商周牧野之战等。这些战争已经摆脱了初民时期在组织上的乌合之众和在战斗中角力斗勇的状态。在夏商鸣条之战中，成汤根据伊尹的建议，采取了设伏诱敌，引其就范，聚而歼之的战术，一举打败了夏桀王；在高周牧野之战中，周武王不仅战前注意用计，而且在战斗中采用了佯攻正面、迂回侧翼的战术，大败纣王，建立了周朝。

周武王灭商之后，为加强奴隶主贵族统治，大大加强了军事力量。史书记载，周王当时建立了大约20多个"师"的常备军，即所谓"西六师"、"成周八师"、"殷八师"。

周王的"西六师"驻守在都城丰、镐一带地方，是周天子直接统率的一支成卫部队，如同后世的"御林军"，是专门保卫周王安宁的。因为其驻地丰、镐，偏于周领土的西部，故称"西六师"。这在"禹鼎"等金文中有记载，我国古代文献《诗经·大雅·棫朴》也有"周王于迈，六师及之"的记载。是说周王率领六军出征。

"成周八师"，又简称"成师"。是驻扎在周朝新建重镇——成周的军队。"成师"的主要任务是镇压南夷等少数民族部落和被迁到洛邑的殷人的反抗。这在"小克鼎""竟卣"等青铜器铭文中都有关于"成周八师"的记载。

战争的频繁，军事制度的健全与发展，兵器的不断改进，不仅促进了战术的变化，而且在上层社会中也渐渐形成尚武的习俗，如周朝的教育内容主要是：礼、乐、射、御、书、数六项，射、御其实就是军事教育。当时的社会中，还流行着"悬弧"之仪，即每当有男孩出生，都要在门左挂一张弓，以示尚武。不仅如此，贵族社会里，尤其是贵族青年，每年春秋两季还要举行"乡射"之礼。这在今天看来，颇有些军事体育大会的味道，或说是群众性的比武大会。

综上所述，兵书的产生，不仅有了社会需要（提高作战指挥艺术），而且也有了现实的可能，所以，兵书便在西周时期应运而生。今天我们虽然看不到西周时期一部完整的兵书，但许多文献中对《军志》《军政》的记载，却为我们提供了可信的依据。

兵书在中国古代的发展

　　春秋战国可谓兵书大放异彩的时期。专门研究战争理论和军事技术的兵家，成为诸子百家中的一个流派，其代表人物是孙武，其代表作即《孙子兵法》。为什么在这个时期，能够造就一大批军事理论家，熔铸成许多兵学巨著呢？在回答这个问题之前，先让我们撩开历史的面纱，去看看当时的社会情况吧。

　　首先，春秋战国时期属于中国历史上的大动荡、大变革时期。从政治、经济、文化思想，到军事等诸多领域，都发生着一系列深刻的变革。井田制在土地私有制的不断发展，已经出现瓦解的趋势；以血缘关系建立的宗族制，历经春秋战国时期诸侯间"亡周灭氏"的斗争后，早已名存实亡。由西周初期分封的千余个国家，到秦统一前只剩下"七雄"——齐、楚、燕、韩、赵、魏、秦，许多宗族国被大国逐渐吞并。当年（西周末年），幽王为博褒姒一笑，尚能举烽火而戏诸侯，到了春秋时代，周王却名存实亡，只能仰大国之鼻息苟延残喘，这前后之差可谓天壤之别。难怪孔夫子会喟然长叹：这世道"礼崩乐坏"，国将不国矣。起初，百官的宗亲贵族制无一例外都是天子的姻亲，最终被封建官僚制度下的选贤任能制所代替，徒有虚名的分封制度也被君主专制的中央集权制所取代。完全听命于朝廷的国家军队日益取代贵族军队制。其将领也由贵族而变为以特长致仕的官吏；"学在官府"的局面被打破，私学纷纷设立。一些没落贵族与掌握了知识和技能的平民组成社会上最有文化涵养的"士"阶层，许多政治家与军事家都出于其中。正是由于周王室丧失了天下共主的地位，以及各诸侯间政治、经济、军事实力的均衡势力被打破；群龙无首，烽火四起，各诸侯都想趁乱扩充实力，拥有霸主地位，进而统一天下。频繁的战争对社会造成了巨大的破坏，但人们也从中吸取了许多有益的经验和教训，初步总结出战争的某些规律。为避免不必要的牺牲，人们迫切需要一种能够指导战争实践的、系统化的军事理论，这为兵书的产生提供了良好的社会环境，而"士"这个阶层恰好堪当此任。

　　其次，春秋战国时期的学术思想领域极其活跃，各派畅所欲言，百家争鸣。由于君主和王公贵族为了取得兼并战争的胜利而求贤若渴，礼待士人，因此，学术的发展才有自由的空间，可以不受君主意志的支配，较为客观地反映当时的社会现实，这对于兵家尤其重要。因为战争是极其残酷的，是以消灭对方有生力量为目的的，因而来不得半点虚假，只要稍有疏忽，成千上万颗人头便会落地。这是一个严肃的现实课题，它要求兵家必须采取审慎、理智的态度，研究和总结出用兵之法，以为指导战争之用。

再次，诸子百家独树一帜，各畅其言，纷纷著书立说。各派的代言人云游四方，穿梭于诸侯之间，广泛宣扬自己的主张，以期得到君主的青睐。兵家也不甘落后，为争得一席之地，凭借手中的兵书去迎合君主们称霸的需求，借以叩开仕途的大门。他们一旦被君主重用，荣华富贵自不待说，单就辅弼君主成就霸业，留一世美名这一点就令人趋之若鹜了。孙武以13篇得到吴王的信任，从此开始他驰骋疆场的军事生涯；而吴国能在春秋末年成为"五霸"之一，实有赖于孙武的鼎力相助。

综上所述，兵书在春秋战国时期得到丰富和发展，出现兵学研究的第一个高潮，这是与社会经济、政治的变革息息相关的，是在军事斗争需要的推动下产生的，是在总结和继承前人作战经验的基础上完成的。从秦汉至唐代的1000年间，出现的兵书不多，流传至今者更是寥寥无几。尤其是唐代中期以后，天下承平日久，重文轻武之风日炽，兵学的发展受到抑制。赵匡胤建立北宋后，为进行统一战争和边关御侮的需要，逐渐开始加强兵法的研究，其后继者也因与辽、金、夏等政权斗争的需要而重视兵学的研究，从而促使兵学的研究再次得到提倡，一些颇具当时特色的兵书，如《武经总要》、《守城录》等兵书纷纷问世。这些兵书加强了对军事技术的研究，而政治、经济、伦理等思想则相对减少。明代后期，由于外来火器与传统火器的相并发展和大量使用，"抗倭御虏"战争的进行，大大促进了兵学的研究，一大批研究火绳枪炮与冷兵器相结合的练兵、教战、布阵和边海防守备设施的兵书，如雨后春笋般涌现出来，形成了我国古代兵书发展的第二个高潮。兵书在春秋战国以后，有时因备受统治者的青睐而得到了发展，兵书的作者也随之加官晋爵，但有时则横遭贬斥，被打入"冷宫"。兵书这种大起大落的命运，是由封建统治者实用主义态度和虚伪本性所决定的。

首先对兵书大开杀戒的是秦始皇。六国被统一以后，秦始皇怕人民掌握了用兵之道，以武力反抗他，因此把民间的兵器一概没收并熔化，铸造成12个青铜巨人。兵器收缴后不久，秦始皇又下一道诏令——焚书，兵书自然在劫难逃了。

秦始皇雕塑

秦朝以后的各代统治者从实用的角度出发，不再愚蠢地焚烧兵书，而是采用秘藏不宣的办法，兵书被束之高阁，只供皇帝及统治集团上层人物览阅；即使出于军事需求，不得已而颁行天下，统治者也是慎之又慎的；有时，还利用朝廷编纂丛书的机会，广收民间兵书，借以查禁不利于皇权统治的所谓"禁书"。

从汉代起，几乎历代王朝都曾搜集和整理兵书，使得一些兵学典籍得到挽救和保存。比如西汉就曾三次组织人力进行兵书的考订鉴选工作。除了收集前人的兵力外，也有官方直接编撰兵书以供国防教育之用的，如北宋朝廷组织曾公亮等人编撰的百科性兵书《武经总要》，就属于这类兵书。与此同时，北宋朝廷还用诏令的形式，把部分精选的兵书颁为"武经"，成为军事学校学员和武举考试的必修课目，如北宋的《武经七书》（图版叁）等。

除正规的考试外，通过"廷试对策"也能够发现军事人才。廷试的方法最早出现于唐代武则天执政时，那时皇帝在朝堂上当廷提问，以考察应试者的才干和韬略。

总之，春秋战国以后兵书虽然常常遭到冷遇，被加上许多不实之词，但仍有一些有志之士，在古代军事思想这块园地中耕耘不辍，收获稻谷的同时扬弃莠稗。他们当中有的根据自己的军事实践撰写新的兵书，有的则凭自己的学习体会，为前代兵书作注。他们有的权倾朝野，为一代英豪；有的驰骋疆场，战功卓著；有的隐遁山林，没于蓬蒿之间，其中曹操、诸葛亮、李靖、李筌、曾公亮、陈规、许洞、戚继光、郑若曾、茅元仪等人最有代表性。可以说，继春秋战国出现《孙子》、《吴子》、《司马法》、《孙膑兵法》、《尉缭子》、《六韬》等一大批兵书之后，到辛亥革命（1911 年）之前，在这两千多年间，我国的古代军事家继承了前人的研究成果，并根据战争需要，吸收当时最先进的军事理论和军事科学技术，不断开拓新的领域，使兵书得到了长足的发展。名著佳作层出不穷，其中现存最具有代表性的兵书有：综论战争和兵法以及谋略的《三略》、《太白阴经》、《李卫公问对》、《虎钤经》，有专论城邑防御的《守城录》，有百科性兵书《武经总要》、《武备志》，有论述练兵、教战、用器、布阵的《纪效新书》、《练兵实纪》，有专论军事地理的《读史方舆纪要》，有专论明代海防的《筹海图编》，有专论火器的制造与使用的《神器谱》、《西法神机》、《火攻挈要》等。它们如颗颗璀璨的明珠，至今仍闪烁着耀眼的光芒。

兵书的整理与体例的演变

秦始皇统一六国后，便立即着手建立一个高度集中统一的封建王朝。他从政治、经济、军事、文化等各个方面采取一系列前所未有的措施，建立各种基本政策和制度，企图迅速巩固和加强自己的统治。然而历史的辩证法是无情的，在秦始皇制定的许多政策制度中，确有不少是推动社会发展的措施，诸如"车同轨，书同文"和统一度量衡、建立郡县制等，但也有不少措施是窒息社会发展、激化社会矛盾、把社会推向绝路的倒行逆施，诸如严刑酷法、焚书坑儒等，兵家们著述的兵书也遭到一次浩劫。西汉王朝建立后，为了经国治军，巩固在楚汉战争中所获得的胜利成果，开始组织人力，广泛搜集散佚的军事典籍，进行整理辑录，这样的整理主要进行了三次。

张良、韩信序次兵法。西汉开国之初，即命军事家张良、韩信专门搜集整理兵书。据《汉书·艺文志》记载："汉兴，张良、韩信序次兵法，凡百八十二家。删取要用，定著三十五家。"对于这次大规模整理兵书之事，史书并无详细记载，今亦不知其详。经过这次整理而定著的 35 家兵书，后来也被吕后的家族盗取，迄今不知所藏，甚为可惜。当然，这次整理是在秦始皇焚书坑儒之后，况且在刘邦还军霸上时，项羽大军入咸阳火烧阿房宫，秦朝皇家收藏的大批图书包括先秦以来的

韩信雕像

兵书也被付之一炬。因此，张良、韩信所搜集的兵书自然是不会齐全而有大量遗漏的。

杨仆纪奏《兵录》。西汉王朝到汉武帝时，经济恢复工作已有一定成效，文化建设日益受到重视，汉武帝在中央设立大学，置五经博士，还通令全国广泛征集各种图书，一批先秦以来的兵书相继浮出尘世。同时，汉武帝为了反击匈奴，寻觅军事对策，于元朔三年（前 126 年）令军政杨仆"捃摭拾遗"、"纪奏兵录"。杨仆受命后除对现有兵书整理外，还多方搜集遗失的兵书，最后将其辑成我国最早的兵书目录《兵录》，上呈汉武帝御览。该《目录》究竟集纳多少兵书瑰宝，后人不得而知。

任宏编纂《兵书略》。汉武帝后，昭、宣、元三帝继续搜集各类图书，其数与日俱增，但汉成帝仍感搜求遗书的工作"犹未能备"，图书"亡佚尚多"，再次下诏"求天下遗书"。同时命刘向、任宏、尹咸、李柱国等人分别研究各类图书。步兵校尉任宏细心搜求兵书，进行整理，对每部兵书都写了提要，分兵书为兵权谋、兵形势、兵阴阳、兵技巧四类，编成了最早的兵书分类目录《兵书略》，收入刘歆所编的七略中。七略为："一曰辑略，二曰六艺略，三曰诸子略，四曰诗赋略，五曰兵书略，六曰术数略，七曰方技略"。不过刘向、刘歆父子所编纂的《别录》和《七略》在唐末均已散佚。但班固在《汉书·艺文志》的《兵书略》中仍依旧例编入，故《汉书·艺文志》中的《兵书略》是现存最早的一部兵书目录。此目共著录 53 家，790 篇，图 43 卷（在兵书数量上还有几种不同的统计法，不一一列举）。唐魏徵等所编《隋书·经籍志》时，共搜集兵书 133 部，512 卷。

西汉时期对兵书的整理，为促进古代兵书的研究和军事文化的发展提供了方便，产生了深远的影响。

汉唐时期兵学家的另一项重要贡献，则是对先秦时期的兵书做了精辟的注释，通过注释，阐发他们对兵书精粹内容的见解，或他们阅读兵书的心得。在对众多经典兵书的注释中，尤以注释《孙子兵法》为多，有 7 家。他们是东汉末政治家、军事家曹操（155～220 年）、南北朝时梁人孟氏（简称梁孟氏）、岐国公杜佑（735～812 年）、唐朝兵学家李筌（约活动于 756～779 年）、唐代人贾林、唐中书舍人杜牧（803～853 年）、唐陈皞（约活动于杜牧之后）。除此 7 人之外，唐以后还有 4 家。

汉唐注释《孙子兵法》的 7 家中，虽各有千秋，但以曹操为最佳。曹操精通兵法，博览群书，统兵30年，理论与实战经验兼备，首开注释《孙子兵法》的先例。他在注释中注重名物训诂，训解字词简洁扼要，便于后人对《孙子兵法》本义的理解；阐发原文旨意时多有发挥，引述他书言论相互参证时亦多精切，在文字校勘上也精到恰当，具有很高的学术价值。杜牧是注释《孙子兵法》的第二大家，所作注条数量多，内容丰富，质量也高，注释内容侧重于经邦致用，对《孙子兵法》思想的总体认识比较全面，阐发《孙子兵法》主旨时多有创造，做到博详与精辟兼顾，弥补了曹注过于简略的缺陷。杜佑在《通典·兵典》中，在大量引用《孙子兵法》文句时注重训解，在所征引的《孙子兵法》文句中，有些与传本有所差异，这对考察唐代《孙子兵法》传本和校勘《孙子兵法》有重要的价值。李筌在注释《孙子兵法》时，注重运用史例解释军事原则，对人们理解《孙子兵法》的精义多有帮助，其注释也有一些超过曹杜的新发现。陈皞所注虽不如曹、杜，但也有不少纠谬、补阙的新见。其余二人所注缺乏新意，影响较小。

《汉书·艺文志》虽然按任宏"论次兵书为四种"的分类方法，将先秦以来的兵书分为"权谋"、"形势"、"阴阳"、"技巧"四大类，并有具体的解释："权谋者，以正守国，以奇用兵，先计而后战，兼形势，包阴阳，用技巧者也"，此类书目共著录13家，259篇；"形势者，雷动风举，后发而先至，离（分散）、合（集中）、背（后退）、向（向前），变化无常，以轻疾制敌者也"，此类书目共著录11家，92篇，图18卷；"阴阳者，顺时而发，推刑德，随斗击，因五胜，假鬼神而为助者也"，此类书目共著录16家，249篇，图10卷；"技巧者，习手足，便器械，积机关，以立攻守之胜者也"，此类书目共著录13家，199篇。以上四类书目共著录兵书53家，790篇，图43卷。这种将兵书分四类著录的方法，不但纠正了因"简机错乱，传说纰缪"而出现的许多讹误，而且还起到了"删取要用"、"撮其指要"，便于军事部门和兵家参考、研究的作用。这无疑是兵书著述史上的一大进步。

但是上述兵书分类著录的方法，也有难以解决的问题。首先，四类兵书的内涵浑沌，界定不清，定义中又出现了"你中有我，我中有你"的交错现象，难以明断每部兵书的类属。其次，在同一部兵书中的各篇，也存在着互相交错包容的现象，很难将各篇从中抽出单独分类。其三，主持兵书分类的学者也常因个人学术见解上的局限等各种主客观原因，导致兵书分类的不准。

李靖画像

其四，随着战争规模的不断扩大，方式的日益增多，各种军务的逐渐纷繁复杂，兵书和军事文献按原有的分类方法，已不能满足兵法研究、处理实际军务、筹划各项战备举措的需要，于是对兵法采取专题研究，著述专题兵书，设置更多专业部门分别处理各项专业军务，已成不可避免之势。这种大势所趋之事，自唐代开始，便成为实际操作的现实。

唐初军事家、杰出将领李靖（571—649 年）所著《大唐卫公李靖兵法》，便是这种兵书新型著述体例的初试。现存《大唐卫公李靖兵法》分上、中、下三卷。上卷论将务兵谋，中卷论部务营阵，下卷论攻守战具。在下卷论列攻守城战具中，又分别列出攻城战具（附武编烟寻泉法）、守拒法、筑城法、守城战具、水攻具、水战具等专题进行论列，此卷所列专题虽说不多，但已明确列出所研究的内容，尤其是将军事技术各门类的内容列入兵书正文中，从中已可见其创新的端倪。

唐代中期军事家李筌在其所著的《神机制敌太白阴经》，已经明显反映出新型编纂体例的某些特点。现存《守山阁丛书》本《神机制敌太白阴经》，分为人谋上、人谋下、杂仪、战具、预备、阵图、祭文、杂占、遁甲、杂式等 10 类，共计 100 篇。大致分为战争理论、军队编制、将帅选拔、体格相验、验战马、军令法规、兵要地志、攻城战具、守城战具、水攻具、火攻具、济渡器材、水战具、器械（兵器）、士兵作战装备、军事筑城（城制、凿城壕、筑弩台、建烽燧台、建马铺、制地听）、阵图、教育训练、军事文书、军队医药方、占卜、奇门遁甲等几十个专题，分别进行论列，强调"器械不精，不可言兵，五兵不利，不可举师"。这种编纂体例，可以说是兵法研究和兵书著述中的一大创新。

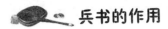 **兵书的作用**

我国古代,有所谓"半部论语治天下"的说法,如果说封建统治者治理国家、统治人民离不开《论语》等儒家经典的话,那么,古代培养将帅、统率军队、指导战争也同样离不开兵书。

兵书的作用有以下几点:

1. 兵书培育了历代名将

展读历代名将列传,就会发现,历史上凡是有作为的军事家,大都自幼就热爱兵法,熟读兵书。三国时期著名的军事家曹操,从小就酷爱读书,尤其爱好军事著作,年轻时在家乡就以"能明古学"著称。他广泛地搜集、整理了东汉以前各家的兵法书,把重要的内容摘录下来,把精华部分归纳出来,编成了《兵书接要》、《兵书要论》、《兵书略要》等。曹操自己说:"吾观兵书战策多矣,孙武所著深矣。"这就是说,曹操读了许多兵书,但他最赞赏的是《孙子兵法》。曹操不但在做官以前刻苦学习,就是在戎马倥偬的战阵中,也从来没有停止过阅读兵书。据《魏书》记载:曹操"御军三十余年,手不舍书,昼则讲武策,夜则思经传"。其他史书上也以"好学明经"(热爱学习,通晓经典)来称赞他的学习精神和知识的渊博。正是因为他遍读各家兵书,融会贯通,所以才在古代军事学术上做出了重要贡献。他的《孙子注》一直流传到今天,他还著有《续孙子兵法二卷》、《兵法一卷》、《兵书十三卷》、《步战令》、《军令》、《皇博法一卷》、《太公阴谋解三卷》等14部兵书,成为历史上著名的大军事家。

唐代名将李靖,年轻时就刻苦读书,尤其是爱读军事著作。他的舅舅韩擒虎,每次与他谈论用兵之道的时候,都感慨万分,喟然长叹说:"现在可以在一起谈论孙子和吴子兵法的人,除了李靖,再没有第二个人了!"

历史上还有一些这样的人物,他们本来是无名小吏或一介书生,但因他们自幼热爱军事,熟读兵法,一旦国家需要的时候,便能挺身而出,出奇设伏,御敌卫国,成为一代名将。战国时代,齐国的田单,原是临淄市掾(管市场的小职员),但他精通军事,善用谋略。公元前285年,燕国派大将乐毅伐齐,连克70余城,占领了齐国首都临菑。田单随同齐湣王逃到安平(今山东省临淄县东），后来又逃到了即墨。不久，燕军又围攻即墨，守城将领出城迎战，兵败阵亡。大家从安平逃难中知道田单懂军事，有谋略，一致推他当守城将军，领导守城，抗击燕军。田单首先用间谍离间大将乐毅与燕王的关系，使燕惠王马上撤掉了乐毅。第二步，采取了一系列措施，争取人心，提高齐军士气。第三步，诱使燕军行暴，激励军民反燕。第四步，行贿诈降，麻痹敌军。第五步，巧布火牛阵，出奇制胜，连续收复了被燕军夺去的70余城，田单也因此而由一个小吏成为一代名将。

有远见的政治家，军事家都非常重视兵书在培养将帅中的作用，教育部下不仅要懂得刀枪剑戟，更要懂得兵法战阵。宋代有一个行伍出身的狄青，英勇无比，经常做先锋，临阵被发带铜面具，出入敌阵，所向无敌。经略判官尹洙把他推荐给经略使范仲淹，范仲淹非常钦佩他的勇敢，但感到他只凭血气之勇，难成大器。于是授给他一部《左氏春秋》，并对他说："将不知古今，匹夫勇耳！"从此以后，狄青折节读书，遍读秦汉以来的兵书，通晓了兵法战阵，打仗不再单凭勇敢冲杀，懂得了用谋略胜敌。

宋代爱国将领宗泽培养岳飞也是如此。他看到岳飞智勇双全，才艺出众，热爱祖国，气节高尚，十分器重，亲自向他传授布阵之法，使岳飞成为一代使敌人闻风丧胆的爱国将领。

2. 兵书是古代指导战争、夺取胜利的理论武器

大军事家孙武说："将听吾计，用之必胜，留之；将不听吾计，用之必败，去之。"意思是如果能够听从我的计谋，指挥作战一定胜利，我就留下，如果不听从我的计谋，指挥作战一定失败，我就离去。这说明我国古代军事家非常重视兵法计谋在战争中的作用。

我国古代历史上，创造了许多以劣胜优，以少胜多，转危为安，转败为胜的光辉战例，深入分析这些战例成功的原因，大都是活用兵法的结果。

在古代战争史上活用兵法而取胜的例子是不胜枚举的，即使同是运用《孙子》的"能而示之不能，用而示之不用"的所谓"示形"战术，也有不同甚至完全相反的战法，孙膑减灶赚庞涓，虞诩却根据当时敌强我弱的实际情况，增灶拒羌兵。真是"运用之妙，存乎一心"。

无数史实证明，熟练掌握了兵法韬略，在危险的时刻，还能急中生智，转危为安，转败为胜。汉朝名将李广担任上郡太守时，一次因追击匈奴的三

个射雕手，带领百余骑兵深入匈奴防地，与数千名匈奴骑兵遭遇。匈奴摆开阵势，准备战斗。这时李广的部属感到力量悬殊，非常害怕，想打马逃走。李广活用兵法，他认为在这种情况下，应"弱而示之强"，"虚而虚之，使敌转疑以为我实"，让敌人怀疑我们是主力部队派出的诱兵，而不敢进攻。否则就会被追歼。于是李广决定再示之以虚，放开胆子继续前进，到距匈奴部队约两里远的地方停下来，并且命令士兵解下马鞍休息，以迷惑敌人。他的部属又急又怕，可李广认为，这样做更可坚定匈奴的错误判断。不久，发现有一敌将向他们观察，李广立即把他射死，然后放马休息。这样相持到黄昏，匈奴始终不敢进攻，入夜后又怕汉军袭营，便率兵退走，李广等人安全返营。

熟读兵书，还能提高将领的机敏、洞察秋毫的能力，在战场上透过蛛丝马迹，分析思考，准确判断敌情，取得战争胜利。如清代岳威信奉命征青海，行军到了崇山，看见野兽群奔，遂想起《孙子兵法》中的"鸟起者，伏也；兽骇者，覆也，"立即对将士说："前边有放卡的敌兵。"命令迅速进军，果然擒获百余人。敌军探信的哨卡被消灭，得不到任何情报，因此毫无防备，岳威信率军直抵敌军帐下，俘虏敌军数万人，从出师到胜利仅用10余天，创造了塞外用兵的奇迹，被后人称为"岳威信兵法"。

3. 兵书是古代治军的教科书

我国古代兵书中的内容十分丰富，既有战时的用兵韬略，又有平时的训练、条令、条例等。它既是指导战争的理论武器，又是平时治军的必不可少的教科书。

有些兵书本身就是治军、训练的经验总结。如戚继光的《纪效新书》和《练兵实纪》，就是他练兵和作战的经验总结。《纪效新书》分：束伍、操令、阵令、谕令、法禁、比较、行营、操练、出征、长兵、牌筅、短兵、射法、拳经、诸器、旌旗、守哨、水兵18篇，每篇都附有图说。因为此书是戚继光纪录的他在东南沿海平倭寇时练兵和作战的经验，所以称为"纪效"。《练兵实纪》正集分练伍法、练胆气、练耳目、练手足、练营阵、练将6篇，杂集分储练通论、将官到任宝鉴、登坛口授、军器解、车步骑营阵解5篇。此书是戚继光在蓟镇练兵和作战的真实记录，其法切合北方边防实用，所以称《实纪》。这两部兵书，内容丰富，紧密联系练兵实际，通俗易懂，是戚继光训练军队的基本教材。他在书中具体规定了兵书发放范围和数额，对书中重要的条文，规定每个兵士都要背下来，背不下来的要处罚。这些训练措施为

戚继光雕塑

他培养出一支纪律严明，战斗力强的新军起了重要作用。

在古代，历朝统治者为了经武治军，都非常重视兵书的整理和研究，把其作为军事建设的一个重要方面。西汉建国之初，就命张良、韩信序次兵法；汉武帝时命军政官杨仆编制专门的兵书目录；汉成帝时又命任宏专门整理兵书；东汉时，规定每年的立秋之日为军事人员学习兵书战阵的日子；三国时的曹操亲自为《孙子》、《司马法》作注解，诸葛亮则造"八阵图"指导练兵；唐朝太宗李世民亲自与将军李靖讨论兵法战阵；宋仁宗为了加强武备，提高军队的素质，命曾公亮等采辑古代兵法阵图等编成《武经总要》，宋神宗委托沈括进行"九军阵法"的演习；明太祖亲自下达命令刻印《武经七书》发给武职官员的子孙；清代各军事衙门都印有兵书，发给本部将士学习。这说明古代治军都离不开兵书。

至于古代的武学、武举，更离不开兵书。武学教学，武举考试都以《武经七书》作为基本教材。

兵书的实际意义

自古以来，兵书就受到人们的重视，有人甚至到了迷信的程度，以至给兵书蒙上了一层神秘的色彩。在古代，为了得到"经邦济世"的兵书，有人不惜抛离家乡亲人，不辞跋山涉水之苦，四处寻访"名山异人"、"石室秘典"。在古典章回小说里，有很多这方面的描写。为了给兵书找到理想的传人，藏有兵者要对受书人多方观察、再三考验。《史记》中圯上老人授书张良的故事就是这方面的典型。

古人所以这样重视兵书，是完全可以理解的。兵书是有实用价值的书，它来源于战争和军事的实践，第二方面，古代兵书也为古代哲学史的研究提供了许多有价值的材料。与言兵者不止兵书相对，兵书当然也不仅仅只言兵事，它又为除了战争和军事活动以外的方面产生了巨大的影响。

战争是敌对双方你死我活的严酷斗争。为了战败对方而不被对方战败，为了吃掉对方而不被对方吃掉，了解敌我双方的情况，正确认识战争形势，便成了用兵者首先面临的一个严重问题。所以，许多兵书都非常重视讨论认识论的问题，《孙子兵法》、《太白阴经》、《虎钤经》等优秀的古代兵书，都有许多精辟之见。孙武是十分强调"先知"的。他说："明君贤将，所以动而胜人，成功出于众者，先知也"（《用间篇》），在他看来，开明的国君，贤良的将帅，其所以一出兵便可战胜敌人，而战果又超出众人的，就在于能事先了解敌情。与此相反，如果是情况不明，两眼漆黑，冥冥而决事，既无深谋远虑而又轻举妄动，"惟无虑而易敌者"必擒于人"（《行军篇》），成为敌人的俘虏。正因为"先知"与否，事关胜败，所以孙武把能否做到这一点看成是高明的将帅、谋臣、国君的一个重要标志。孙武的结论是："知彼知己者，百战不殆"；不知彼己，"每战必殆"（《谋攻篇》）。很明显，孙武的这个结论，其科学价值当然远远超出了军事科学的范围，已经具有了一般唯物主义认识论的意义。所以毛泽东同志十分肯定地说，直到今天，"'知彼知己，百战不殆'，仍是科学的真理"。

兵书中还有许多朴素的辩证法，战争是政治的继续，战争是解决阶级与阶级之间、政治集团与政治集团之间、民族与民族之间矛盾冲突的一种手段，它自始至终充满着矛盾运动。对于这些问题的探讨，便形成了兵书中的许多辩证法范畴，诸如战争中的敌我、主客、众寡、强弱、攻守、进退、奇正、虚实、动静、勇怯、治乱、胜败等等。另外，许多兵书还对战争与政治、战争与经济、战争与人心向背、战争与自然条件等问题进行了辩证地探讨。

唐代李筌关于地理险阻不是最后决定胜败的因素的论述，就充分体现了他重视主观作用的辩证法思想。在古代，由于兵器和装备的落后，地形条件对于战争胜败的影响是很大的。李筌在充分肯定这一点的同时，批驳了地形决定论。他认为，地形只能是"兵之助"，真正起决定作用的是人，人可以利用地形条件，所以他强调，"地之险易因人而险"（《太白阴经·地无险阻》）。另外，李筌在《太白阴经》一书中，还批驳了人有天生勇怯的唯心主义观点，提出了"人无勇怯"，勇怯形成于后天的观点，批驳了只有富国大国才能在战争中取胜的观点，提出了国家强弱不是注定不可改变的思想，他还认为，战争中的有利时机和主动权是可以把握的，敌人的企图也是可知的，问题的关键在于充分发挥人的主观能动性。李筌的这些朴素辩证的观点，在佛学盛行的唐代，尤其显得难能可贵。

又如宋代兵书《虎钤经》，把敌与我、王与将、将与卒作为对立双方加以研究，认为他们之间存在着互相制约、此长彼消的关系。比如王与将，将权王授，王为将主，但将在外必须有主动权、自主权，如果王一味恃智自决，则将必然受制于王，"内包犹豫之惑，外丧驭众之威，举而御敌，宁免失律之凶乎？"（《天功》）。这对宋初将领在外，一切决于"圣上"的僵化、腐朽军事制度无疑是一种批判之声。

兵书中这些关于人的主观能动作用的论述，已经开始避免了以前的唯物论者在论述社会现象时常犯的两种错误倾向——宿命论和偶然论，较之过去的哲学家，具有了更多唯物辩证的因素。这些难能可贵的贡献，其意义当然不仅限于军事本身，已经具有了一般的哲学意义。

另外，许多优秀的古代兵书都是反对讲鬼神的，如孙武讲："先知者，不可取于鬼神，不可象于事，不可验于度，必取于人，知敌之情者也"（《用间篇》）。孙武一连用了三个"不可"，明确地表示了他对于祈祷鬼神、机械类比往事、用星象附会人事等做法的反对。唐代军事家李靖也说："腐骨朽草无足问"（《唐李问对》），表明了他反对占卜的鲜明唯物主义立场。

第三方面，兵书也为科技史的研究提供了许多宝贵资料。

在自有战争以来的人类社会中，最新的科技成果，最新的发明创造，差不多都是最先在军事上得到应用的。兵器从戈矛到火器的演变，战车从马挽到机动的发展等等，都有力地证明了这一点。

我们知道，战争中的武器是起源于渔猎生产的。最古的劳动工具同时又是战斗武器，没有什么区别。正如恩格斯所说："最古的工具是打猎和捕鱼的工具，而同时又是武器"（《劳动在从猿到人转变过程中的作用》）。当初的所谓武器，只是稍有加工的石器。以后，由于生产力和科学技术的发展，也是由于战争实践的需要，兵器有了逐渐发展：材料上，由石、骨、竹木等非金属过渡到金属兵器，金属兵器中又有铜、青铜到钢铁的发展；形制上，由粗糙、笨小到加工精细和长短有别各得其用的变化；功用上，由不分工到分工以至功用专门化；使用上，有手持、抛掷、发射的不同；功能上，有击、刺、砍、烧等区别。这些发展变化和分工，都综合地反映了各个时代的生产力发展水平，反映了那个时代冶铁技术和工艺等科学技术的发展程度。制造战船和海上航行，还反映了天文学、航海学的实际成就。

第四方面，整理与研究兵书，有助于培养民族自信心，能够激发人们的爱国主义思想感情。

我们中华民族是有着悠久历史的民族，我们的祖先曾经对于人类文明做出许多宝贵贡献。这些贡献，不仅仅突出地表现在农业，航海以及火药、造纸、印刷、指南针等方面，而且也表现在军事学术方面。军语"战略"一词的提出，以及军事战略思想的产生与形成，就是我们中华民族对于世界军事思想的一个突出贡献。

军语"战略"一词的含义，是指对战争全局的筹划和指导，它依据敌对双方军事、政治、经济、地理等因素，照顾战争全局的各方面、各阶段之间的关系，规定军事力量的准备和运用等。如武装力量的建设，国防工程设施，军事装备与军需物资的生产、储备，战争动员，基本作战方向的确定，战区的划分，作战方针和作战指导原则的制定等。因此，可以认为战略问题是军事学术的高级领域。在一个国家或民族，战略一词出现的早与迟，便在很大程度上标志着这个国家或民族军事学术的发达程度。早在春秋时代，我国就已经形成了系统的战略思想，其理论表述，主要的见之于《孙子兵法》，这是包括当代一些外国学者都承认的事实，美国当代重要军事家柯林斯，曾在他的《大战略》一书中明确指出：孙子是世界上第一个形成战略思想的人。到了东晋时代，则有历史学家司马彪写出军事专著《战略》一书。这一事实比西方同类著作早几百年。又如《孙子兵法》提出的"知彼知己，百战不殆""攻其无备，出其不意""奇正相生""示形"等著名论断和作战原则，直到今天也还有着强大的生命力，不失其理论价值乃至在某些方面的指导意义。

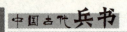

 知识链接

兵者，国之大事

军事对于国家的重要性很早就为人们所认识。早在原始社会末期，就出现了部落联盟之间的战争，也即出现了军事活动。可见，军事早于国家而产生。国家出现以后，统治阶级为了对外征服或防御敌人，对内镇压人民的反抗，尤为重视军事。成书于春秋末期的《孙子兵法》，是我国古代流传下来的最早、最完整、最著名的军事著作，孙子在这本书的《计篇》中指出，"兵者，国之大事，死生之地，存亡之道，不可不察也"。即战争是国家的大事，关系着人民的生死，国家的存亡，是不能不认真研究的。

第二节
兵书的著述

 兵书的著录

著录，是揭示文献个体的目录学方法。我们这里讲兵书的著录有两层意思，一是兵书是怎样著录的，二是兵书著录在哪里，即著录兵书的书目，以解决怎样查找及以到哪里查找兵书资料的问题。

什么叫兵书的著录？就是把一种兵书的书名、卷篇数、著者、出版者、出版年、版本、内容、性质等揭示出来，并按一定的格式记录下来，以使人们能从众多的兵书中确认某种兵书，查找某种兵书。几千年来，书籍的载体发生很大变化，没有也不可能有统一的著录条例，所以各家书目著录事项和格式有很大区别。兵书著录的成果就是兵书条目。把兵书条目按照一定的方法编排起来就是兵书目录。掌握兵书的著录和兵书目录，是研究军事思想史、古代军事学术史和学习兵书不可缺少的入门知识。这

古代兵书

是因为它在科学研究和教学中具有如下作用：

1. 帮助确认同名异书

在我国悠久的历史上，出现过许多同姓名的名人；在丰富的典籍中，也出现过无数的同样名称的著作。为解决人们查阅的困难，后人编制了《古今同姓名大辞典》、《同名异书举要》等工具书。然而历史又偏偏那样巧合，出现了一些不但著者姓名相同，而且书名也相同的图书，这就给我们确认图书带来了困难。如历史上叫孙子的名人就有三个，一个是春秋末年的吴国兵家孙武，另一个是战国中期的齐国兵家孙膑，再一个是西晋文学家孙绰。在古代，子是对男子的尊称，人们对一些有成就的人物往往用姓加"子"相称，所以把这三个人都叫孙子。而古代的个人著作又往往以他们的姓名命名，因而他们的著作又都叫《孙子》。提到《孙子》，究竟是指哪部《孙子》，何人所著？只要我们翻一下有关书目的著录，就会迎刃而解。

《汉书·艺文志·兵书略》著录了兵家两位孙子的著作：《吴孙子兵法》82篇，图9卷。师古曰："孙武也，臣于阖闾。"、《齐孙子》89篇，图4卷。师古曰："孙膑。"这两条著录，把兵家的两部《孙子》分得一清二楚。它不但说明了历史上兵家有两个孙子，而且有两部卷数不同的兵书。孙膑的兵法失传以后，宋以后有人提出怀疑，这两条著录便成为最重要的史证。1972年两部《孙子》同时出土，证实了《汉书·艺文志》著录的历史价值。

2. 粗知学术源流

一部完整的兵书目录即是军事学术发展史的缩影，通过它可以了解各时

代兵书情况及兵家各流派的渊源关系，进而窥视该时代及各流派的军事学术思想的盛衰。"辩章学术，考镜源流"，是我国目录学的优良传统。古代许多著录兵书的目录书，有的写有言简意赅的提要，简介作者生平事迹，叙述全书篇目，综论全书主旨，分析评论内容得失，指出其价值、学术流派及师承关系等，这本身就成为军事学术史的一个片断。如《四库全书总目》为《吴子》写的提要，就基本上反映了这些问题。有的书目还为兵书类写有学术价值很高的类序，它不仅说明了兵书类的意义，立类原则，内容范围等，而且阐述了兵家的源流，兵书聚散与整理的历史。如《汉书·艺文志·兵书略》的类序，以简练的语言概括了兵家的源流，各时代兵家的特点，整理兵书的历史，被历代史家所重视，为许多学者所引用，它不愧为先秦至秦汉之间的军事学术略史。

3. 考辩兵书产生的时代及其真伪

我国历史上往往出现这种情况，为了宣传自己的某种学说，引起社会和政府的重视，或为了躲避灾祸等等原因，把自己的著作假托前代甚至上古传说中的贤人所著，拿出来发表，这就是我们现在所说的依托之书，有的叫伪托之书，这种情况在兵书中特别突出。考辩清楚这些兵书产生的真正时代及其真伪，对于我们研究军事学术思想史和阅读兵书，都有重要价值。对依托兵书的考辩，除从训诂学和兵书内容本身研究外，主要依靠各时代书目对兵书的著录来考察。一个时代的公私书目便是该时代图书情况的真实记录。前代书目不著录的兵书，而后代书目中出现前代之前的兵书著录，一般可以断为依托的兵书。正因为如此，现存两部最古的书目《汉书·艺文志》和《隋书·经籍志》，便成为考辩先秦图书情况的重要依据。另外许多书目对有疑义的兵书都进行了考辩，并通过小注和提要揭示出来，给使用者带来极大方便。

4. 考察兵书的流传

在古代、书写材料不发达，生产图书非常困难，封建专制，兵书经常被禁毁；再加上水火战乱，一部兵书写出来就面临着流传的困难和失传的危险。在两千多年的历史上，兵书确实发生过很多变化，有的流传下来了，有的部分篇章流传下来了，有的佚失了。我们今天怎样来考察这些流传情况呢？这就必须依靠各种书目对兵书的著录。前代书目著录的兵书，如果后代书目不见著录，一般说明该兵书失传。如大家熟悉的《孙膑兵法》，《汉书·艺文志》著录有孙膑的《齐孙子》89篇，图9卷，而《隋书·经籍志》以下所有书目均不再见著录，这就使我们弄清了自汉末至1972年考古发掘出竹简本《孙膑兵法》，整整失传了两千多年。它的出土解决了千年来争论不休的疑案。再如，我们通过检索历代书目，发现孙武的《孙子兵法》自《汉书·艺文志》著录以来，各家书目均有著录，一直流传到现在。自东汉末年曹操、沈友开注《孙子兵法》之风以后，注家蜂起，仅古代书目中著录的《孙子兵法》各种注释版本就有50多种。这不仅告诉我们《孙子兵法》流传两千余年而不曾间断，也使我们了解到《孙子》在中国军事学术史上具有重要的地位和价值。通过考察古代兵书的流传，还可以帮助我们访求古代兵书。

5. 了解古代兵书概貌

我国是一个军事学术发达的国家，有世界上最早的军事理论专著《孙子兵法》，有丰富多彩的兵书典籍，然而我国兵书究竟有多少？各时代兵书究竟有多少？虽然不能得出很精确的数字，但通过各种书目对兵书的著录，还是可以作出相对的统计数字的，从中也可以看出我国兵书的盛衰际遇，如《汉书·艺文志》著录兵书53家，790篇，图43卷；《隋书·经籍志》著录133部，512卷；《唐书·经籍志》著录45部，289卷；《宋史·艺文志》著录347部，1956卷。这些数字基本上反映了这些朝代的兵书情况。再如陆达节利用各种书目编的《历代兵书目录》，利用它不仅可以统计出各时代著述兵书的数字，而且可以统计出中国历代兵书的总数。按这个书目统计出的我国历代兵书为1304部，6831卷（内203部不知卷数）。在我国，有的史志书目只收一代人的著述，这就为我们了解某朝代著述兵书的情况提供了方便。如《明史·艺文志》著录兵书58部，1122卷。这就是明代人著述兵书的约略数字。

6. 进入兵学之门的钥匙

读兵书和研究其他学问一样，首先要靠目录这把金钥匙打开兵学的大门，再用目录作指南在兵书的海洋里检索自己所需要的资料，否则就像孤舟泛海。清代学者王鸣盛说得好："凡读书最切要者，目录之学。目录明，方可读书，不明终是乱读。"古代兵书丰富，版本众多，但是鱼目混杂，有优也有劣，如果误读劣本，就会在实践中闹出笑话，造成损失。目录学家们早已注意到了这个问题，在他们编制的各种书目中，通过小注、提要，注明版本优劣，评论其内容得失和用途。有的书目还将不予收录的兵书开列出来逐个评论，如张之洞的《书目答问》在兵家类前注释说："兵者人事，《太白阴经》、《虎钤经》之属，诡诞不经，不录；《登坛必究》、《武备志》，多言占侯，所言营阵器械，古今异宜，不录；《握奇经》、《三略》、《心书》、《李卫公问对》，伪书，不录；《武编》、《兵法百言》之属，多空谈，不录。"这些评论用现在的观点看，有些虽属偏颇或过时，但仍可作为选读兵书的参考。

由以上可以看出，研究兵学不可不明兵书的著录，读兵书不可不明兵书目录。

兵书的分类

有些兵书看上去虽然只有几千字，但它们的内容却极为丰富。其中有的是论述广泛、博大精深的战争通论型兵书，如《孙子兵法》等；有的是具体深入、专门阐述军事学中某一问题的专论型兵书，如《历代军制》等；有的是分门别类编辑前人的兵学成就，又加上当代兵学新鲜成果的军事百科型的兵书，如《武备志》等。所以，我们只能从几个大的方面，对我国古代的兵书以及它们所包含的内容，作一个大致区分。

1. 对战争起因和利害的论述。我国春秋战国时期的兵家对战争的利害有着深刻的认识，因此，在他们的著作中提出"备战"、"慎战"的主张，并且把战争与国家的根本利益紧密地联系在一起。

战争的目的首先是为了夺得利益，因此孙武、孙膑等古代军事家都用功利的观点看待战争，提出"合于利而动，不合于利而止"（《孙子兵法·九地篇》）的原则，把是否用兵归结为利之大小。当然，这里的"利"包括政治、经济、军事等诸多方面，但归根到底还是政治利益。因此，春秋战国时期的兼并战争也就表现出以掠夺敌国人民、土地、资源为特征。

2. 对战争与政治、经济和法律关系的论述。战争是一个多种因素的聚合体，尤与政治因素息息相关。我国春秋战国时期的军事理论家对这个问题已有朴素的论述，认为通过武力"致利"和"广地"，都是为了要达到强国称霸的政治目的。

政治与军事的概念在古代有时被表述为"文"、"武"二字。两者的关系是相辅相成，缺一不可的。因此，若只把眼光放在军事行动上，滥用武力，最后的结果必然是国困家贫，百姓流离，即使战争中获得小利，也无法补偿付出的巨大代价。反之，若在国家安定富裕时忽略军事的作用，那么一旦遇到别国的侵略，进则不能抵御外侮、保境安民，退则亡国灭种、无地容身。倘如此，即使国家治理得再好，政治如何清明，物产如何丰饶，也都将似春水一江东流去。基于这种观点，我国古代的军事家们提出文武兼施才能长治久安的主张。

3. 对战略指导思想和作战原则的论述。这两个方面对于战争的胜败关系重大，如果战前决策时考虑不周或战斗中指挥失误，都会造成难以估量的损失。对于这个极其严肃的课题，我国古代的许多兵书都有深刻地阐述。

在作战指导思想上，有的提出"用兵（本指兴兵打仗，这里可作"指导战争"理解）之术，战胜不可专，专胜有必败之理；战败不可专，专败有反胜之道"（《虎钤经·卷之三胜败第十七》）。这说明一个战争指导者要研究胜与败两个方面，而不单纯依赖客观条件的好坏，这样才能够在有利的条件下防止失败的发生，在不利的条件下争取胜利的到来。

4. 对将帅修养和选拔的论述。将帅在战场上是士兵的主心骨，是全军的核心和榜样，这在古代方阵作战中表现尤为突出。有句古话叫做"擒贼先擒王"，首脑被俘，则全军无主，灭顶之灾便随之而至。孙子对这个问题看得更为深刻，他认为："夫将者，国之辅也，辅周则国必强，辅隙则国必弱"（《孙子兵法·谋攻篇》）。"故知兵之将，生民之司命（命运的主宰），国家安危之主也"（《孙子兵法·作战篇》）。抗倭名将戚继光在总结他的练兵经验时说："必练将为重而练兵次之。夫有得彀（够，喻指治军、作战等规章制度和规律）之将，而后有入彀之兵。练将譬如治本，本乱而末治者，未之有也"（《纪效新书·卷十四练将篇题解》）。再者，战场上两军的较量，从某种意义上说是双方指挥员智力和勇气的角逐，因此，将领的修养与选拔是一个极为严肃的问题。

5. 对军规律令的论述。以法

《纪效新书》中的藤牌兵

治军是我国古代军事家的一贯主张，历代兵书关于军中各类法规、法令的论述颇多，如《尉缭子》有"重刑令、伍制令、分塞令、束伍令、经卒令、勒卒令、将令、踵军令、兵令"等篇。《武经总要》中有"赏格罚条"一卷，《纪效新书》有"论兵紧要禁令篇"等数卷，使军事法规更加具体化，并且越到近代越趋完善。如清代专门颁布了《八旗则例》、《军需则例》等。

6. 对军事训练的论述。古人的"训"和"练"含义有所不同。"训"在知忠义廉耻，固忠君报国之心；"练"在知战阵器械，掌杀敌本领。古人认为"士不先教，不可用也"（《司马法·天子之义第二》），未经训练的士兵，就如同临时拼凑起来的乌合之众，打起仗来只能枉做刀下之鬼，所以《吴子》、《司马法》、《将苑》等兵书都主张把教育训练放到治军的首要地位，提出"教戒为先"的思想。《吴子》、《孙膑兵法》、《三略》等兵书都提出把道、德、仁、义、礼等灌输到士卒的教育中，以本阶级的政治观、道德观、生死荣辱观教育部队，激励部队，培养"杀身以成仁"、"舍生而取义"的忘我精神，从而增强部队的战斗力，达到无坚不摧的目的。

7. 对军事地理的论述。军事地理是指从军事角度研究地理环境的一门学科，早在《孙子兵法·九地篇》中就详尽地论述了战争中所遇到的九种地理条件。我国历代兵学家对"地利"因素均予以高度重视，许多兵书中都有论及，但作为专著探讨这个问题的，则是《武经总要》和清初顾祖禹的《读史方舆纪要》，其中后者对历史地理的研究贡献尤为突出。

8. 对武器装备的论述。古人认为"兵不完利，与无操者同实；甲不坚密，与偄（贱，单衣无甲）者同实；弩不可以及远，与短兵同实，射而不能中，与无矢者同实；中而不能入，与无镞者同实；将徒人，与偄者同实，短兵待远矢，与坐而待死者同实"（《管子·参患第二十八》），因此，"工欲善其事，必先利其器"。

古代的武器装备可以分为两类，一曰冷兵器，如刀、枪、剑等；二曰火器，如火球、火药箭、火枪、火铳、地雷等。自火药在唐代后期发明后，火器在宋代开始应用于实战中，并不断积累经验，到明清两朝时得到很大的发展。我国古代专门论述武器装备的记著和包括武器装备在内的兵书甚多，其中有南朝梁人的《铜剑赞》、《古今刀剑录》；宋代的《武经总要》；明代的《火龙经》、《纪效新书》、《练兵实纪杂集》、《筹海图编》、《武备志》、《西法神机》、《火攻挈要》、《武备辑要》等。这些书大多图文并茂，为读者了解清代以前冷兵器和火器的发展，提供了丰富的资料。

9. 关于历代军制和历代名将传记。军事制度都是代代相袭，不断完善和发展的，因此要查清它的发展脉络，必须对上代的军制进行研究。在这方面的第一本专著是宋人陈傅良的《历代兵制》，以后还有清代的《皇朝兵志考略》、《古代兵符考略》等。

历代名将事迹也是兵书著录的内容之一，如《十七史百将传》、《广百将传》等。

10. 对历代用兵得失的论说。总结历史教训，以前人为鉴，是发展军事理论的前提。因此，古人在兵书中或专辟章节议论，或整书通篇阐发，对后人学习军事理论的确教益匪浅，如《武备志》、《左氏兵法测要》、《左氏兵谋》、《读史兵略》等。

兵书的版本问题

什么是兵书版本呢？它的含义是这样的，一种具体的兵书，在长期的流传过程中，经过多次的传抄或刊刻，出现了形成于不同时间、不同地点、不同刻校人的不同本子。这些不同的本子，虽然抄写或刻印的是同一部兵书，但在材料、版式、装帧乃至文字上都有了许多的不同之处。比如书写或印刷的形式、年代、版次、字体、行款、纸墨、装订、内容的增删修改，以及该书在流传过程中所形成的记录，如藏书印记、题识、批、校等等。这些，就形成了一部具体兵书的版本情况。掌握和弄清这些情况，了解某部兵书的版本源流，对于深入了解这部兵书的文字内容，探讨古人兵学思想的师承和发展，都是十分有价值的知识，这更是研究古代兵书的题中之义。从研究兵书的角度上讲，这又是一项不可逾越的基础性研究工作，是不可以忽视的基本功。

为什么把这个问题说得如此重要呢？为了说明问题，先让我们看看古人是怎样看待这个问题的。

读古书是一定要讲究版本的。这

古代兵书大都是线装本

既是古人治学的经验之谈，也是我国历代学术界的一项优良传统。古代不少的学者都说，读书的第一件事，是讲求版本。清代学者张之洞就曾认真地告诫青年学生，"读书宜求善本"，否则便会"读书不知要领，劳而无功。"他还进一步强调说，如果不注意版本问题，即使知道该读哪种书，但因为没有读到校刊精审的本子，也会"事倍功半"（以上见张之洞《輶轩语》《书目答问》）。历史上也确曾有那么一些人，因为不知道或不注意在读书时要讲求版本，结果闹了笑话。北齐文学家颜之推（531—约590年以后），在他的《家训·勉学篇》里，就记载了一个颇有教益的故事。南朝时有一个当官的，曾经读过西晋文学家左思的《蜀都赋》，但他见到的不是好版本，而是一种误本（古人称错误多的本子为误本）。该书把"蹲鸱"（读作存吃，大芋头，因状似蹲伏的鸱鸟而得名）的注解"芋也"，刻成了"羊也"。只是这个读书的官人不求甚解，便信以为真。后来，当有人给他送来羊肉时，他便在信中感谢人家给他送来"蹲鸱"，弄得同僚们百思不解，直到很久以后，才慢慢弄清楚，这位当官的所以称羊肉为"蹲鸱"，是因为读书不讲版本，以致闹了大笑话。类似的故事，当然不止南朝有。古人接受了这方面的教训，每读一书，必先找到好本才读。也有的人，每读一种书，都要留心版本，做出笔记，记上该书版式特点；每页几行，每行几字，以便比较不同版本的文字异同，校刊优劣。

由于今天存世的兵书大都是线装本，经过整理的本子很少，所以也必须讲究版本问题。当我们对兵书接触得多了，或是有意识地拿不同版本的同一种兵书进行比较，就会发现各本之间文字上的差异。这种差异，过去的人习惯上称为"异文"。这些异文之中，一般说来是有对的也有错的。错误越少的本子，便是好版本；错误多的本子便是误本。误本中的错误，大致可以归纳为误、脱、衍、倒等几种类型。

所谓误，是指传抄或翻刻过程中产生的错字，习惯上称做误文或讹文。这种错误，尤其是在形体相近的文字中间，容易发生，在兵书中也最为常见。如"右"与"石"，"先"与"失"，"责"与"贵"，"讨"与"计"，"社"与"杜"，"己"、"已"、"巳"，这些字常因形近而误。

所谓脱，是指印书中刻校不审，有脱漏文字处，习惯称做脱文或夺文。造成脱漏还有其他原因，如原本不清、残损等。文物出版社整理出版的马王堆汉墓帛书本《老子》及古佚书，银雀山汉墓竹简本《孙子兵法》等，正文中有许多地方标以方围（方框），这些标有方围的，就称作阙文。如果是整篇、整章或者整段散佚掉，则称做佚文。古书在简册时代，常常由于编联的绳子断烂，发生脱失竹简一根至几根的事，这便称做脱简。因此后来人们也用脱简这个词来指文字较多的脱文。

所谓衍，是指多出的文字。习惯上称多出的文字为衍文。衍文之所以发生，最常见的原因是把注释文字刻入了正文。

还有一种常见的错误是倒。即正文中文字颠倒错乱，习惯上称做"倒文"。如果仅是前后两字或几个字颠倒，有时又称做"倒乙"或"互乙"，如果文字错得多了，则称做"错简"，但亦可称做"倒文"。《四部丛刊》本，明嘉靖年间谈恺所刻《孙子集注》，是一种近世流传较广的古本，但可惜的是此本有错简。

现在存世的兵书中，文字上有误的本子是不少的，仅《孙子兵法》一书，据《孙子集校》作者杨炳安统计，其脱误、臆改和简篇错乱之处较多，重要者不下百余处。其中跟《孙子》原意出入关系较大，必须进行订正的也不下五六十处，例如有些本子把《谋攻篇》的"少则能逃之"作"少则能守之"，把《虚实篇》的"出其所必趋"作"出其所不趋"，把《军争篇》的"指乡分众"作"掠乡分众"，把《火攻篇》的"昼风从"作"昼风久"，把《用间篇》的"间与所告者皆死"作"闻与所告者皆死"等，这虽都是一两字的出入，然而差之毫厘，失之千里，对正确理解《孙子》原意，关系是很重大的。（见《孙子集校·前言》）。又如，丁氏8000卷楼收藏的明刊本刘寅《武经七书直解》，是被许多人认为是善本书的，但实际上错误也是不算少的。只要我们拿了影印宋本《武经七书》与之比较一下，就会发现，明刊刘寅直解本，在兵书原文的刊刻上，错误是较多的。仅以其中的《李卫公问对》卷上为例，明刊本中较为重要的错误竟有七处之多，其中有一处脱掉唐太宗问句36字，李靖答句15字，脱文共达51字之多。可见，在阅读兵书时，必须注意版本的选择；翻印兵书时，一定要进行必要的校刊工作。不能拿了一种本子来，照着印就算完事。

兵书在文字上为什么会出现这许多的错误呢？归纳起来，大致有主观和客观两种原因。所谓主观原因，又可以称做人为致误。这主要是指一些刻印和校刊兵书的人，治学态度不够严谨，往往只凭自己的想当然随意改动书中文字，自以为做了一件好事，其实是在制造错误和混乱。古人批评这种行为叫臆改、妄改。这样造成的错误，因为泯灭了原书的本来面貌，后人往往难于发现。不少的古人都曾大有感慨地说，错因校生，因校而致误者往往居半。当然，校书也是一件十分不容易的工作，既要有严谨的治学态度，又要有相当的学识功底。古人用扫落叶比喻校书，其错"随校随生"，形象地说明了校书之难。

主观上的原因造成兵书文字错误的，还有一些，比如封建社会中盛行的临文避讳，就给古代文献造成了许多的文字混乱。所谓避讳，是对于皇帝和尊长不能直书其名。据《左传》"周人以讳事神"的记载，这种风俗大约从周代即已开始。但战国之前，避讳并不很严。到了后代，封建统治阶级为了提高自己的尊严，巩固其统治地位，把避讳的事看得很重，抓得很紧，不仅当代君长的名字要避讳，其祖先的名字也要避讳，皇后及其亲属的名字也要避。不仅当代人作品讲究避讳，甚至还追改古书。这样做的结果，给文献带来的混乱实在是大得很。如南宋刻印的《武经七书》，文中凡是与宋朝历代帝王名字有关的字，如玄、警、敬、恒、微、贞、定、慎等字，统统避讳，或是改为别字，同音字、近意字，或是故意缺笔，或是空一字不印留个墨圈。宋代以后是很重视避讳的，不仅避本朝讳字，有时还避前朝讳字，如宋、明、清三代刻印的《唐太宗李卫公问对》，有些本子都把隋代大将韩擒虎的名字印成韩擒武，把"虎"改成"武"，是因为唐高祖李渊先人有名叫李虎的。

由于封建时代对于少数民族的歧视，许多书上对于少数民族人物的名字，故意用些贬意字。前而提到的《唐太宗李卫公问对》中，就把少数民族将领契苾何力的"苾"字，故意印成了"姦"字，这也是给兵书文字造成混乱的主观原因之一。

给兵书文字造成混乱的客观原因，主要是自然灾害和社会原因。如水灾、火灾、虫蛀、朽烂及战争和社会动乱。《汉书·艺文志》中著录的兵书，经过汉末和魏晋南北朝的连年动乱，到了唐初，已是散侠很多，所以在《隋书·经籍志》中已有许多书籍不见著录了，有些书虽有著录，其卷篇数已经发生变化。

中国古代兵书的外传

我国古代兵书不但在中国学术思想史上占有重要的地位，而且在全世界也是负有盛名的。它以悠久的历史、丰富的内容和精辟的论断，赢得了很高的荣誉，受到各国军事家的重视和赞赏。有的国家把我国古代兵书《孙子兵法》作为军人的必修课，定为军事院校的主要教材；军界人士更把兵书中的名言警句，如"知彼知己，百战不殆"、"攻其无备，出其不意"等熟背于口，牢记在心，比做箴言，当成打仗的座右铭。

我国兵书很早以前就流传到国外，先后被译成日、法、英、德、俄等各种版本，就其流传的兵书而言，以《孙子兵法》为最早，流传最广，就其流传的国家而言，以日本为最早，版本最多，研究最深。

据《续日本纪》记载，早在唐代（日本奈良时代）我国的兵书《孙子兵法》和《吴子兵法》就流传到了日本，距今已经1200多年了。那么，我国兵书是怎样传到日本，又是由谁传去的呢？要回答这个问题，还得从日本遣唐使说起。我国唐朝，是当时东亚政治、经济、文化中心，史称"盛唐"时代。周围国家纷纷遣使朝贡，派遣各方面人材入唐留学，其中以日本派遣留学生最多，学习成就最大。例如日本第八次遣唐使于公元717年3月到中国，留唐学生阿倍仲麻吕（中国名晁衡），不但完成了"国士学"的学业，而且接受了科举考试，并以优异成绩考中了唐朝进士。与阿倍仲麻吕同时到中国留学的吉备真备，年仅20岁左右，出身于右卫士少尉这样一个军人家庭，自幼养成了与阿倍仲麻吕完全不同的性格，不擅长吟诗作文，但他出众的才华，都表现在各种实用的学问方面，其中对军事钻研尤深。他没有进太学，而是拜赵玄默为老师，单独受业17年，不但精通六艺，而且谙熟兵法，尤其对《孙子》、《吴子》钻研最深。他把从唐朝所得的全部钱款，都完全用来购置各种书籍，"所得锡赉，尽市文籍，泛海而还"，公元734年，吉备真备带着在唐留学18年所取得的丰硕成果回国。他把从唐朝所学、所购和受赠的大量图籍和物品奉献给了本国朝廷。其中弓矢之类的兵器占很大分量，《续日本纪》上的清单中有弦缠漆角弓一张，马上饮水漆角弓一张，露面漆四节角弓一张——均为骑兵用的角制弓，射甲箭20支，平射箭10支——皆为箭矢，由此可见吉备真备对军事非常热心。他带回日本的大量图籍的详细目录虽然没有流传下来，但是，从吉备真备回国后任太宰少贰和太宰大贰期间，曾经向工役人员讲授《孙子兵法》、《吴子兵法》和诸葛亮八阵的记载看，我国的古代兵书通过吉备真备传到了日本是毫无疑义的。

自吉备真备把我国兵书带到日本以后，产生了广泛的影响，许多留唐学生纷纷效法。到唐朝末年，我国当时存世的大多数兵书几乎都传到了日本。史载，公元875年，日本皇家藏书处冷泉院失火，皇家藏书几乎全部毁于大火。日本宽平年间（889—897 年），日皇勒命藤原佐世搜集图书，撰成《日本国见在书目》，其中著录尚存的卷子本兵书就有 59 部之多，内有不见于"隋唐志"著录的兵书。而我国《唐书·经籍志》仅著录兵书 45 部。

我国兵书在日本的流传，开始靠汉文本传抄传读，后来才有了日译本。德川幕府时代，日人大多习明代赵本学《孙子注》，后来出现依《赵注孙子》为底本用日文注释的《孙子》著作，并逐渐兴盛起来，及至今日仍然不断。

我国古代兵书在欧洲的流传晚于日本，起初是由少数精通汉语的欧洲军官用口语进行传播。到 18 世纪后半叶，开始有人翻译《孙子兵法》，最早的是法国一位神父 P. 阿米奥翻译的《孙子十三篇》、《吴子六篇》、《司马法五篇》、《儒道兵法选二篇》等合称《中国军事艺术》，于 1772 年在法国巴黎出版，印刷和装订都很精美，后附图片及阵图，流传很广，并反传到我国，现在国内还存有当年的原版。随着社会需要的增长，1782 年巴黎又出了第二版。但遗憾的是译文欠佳，多失原意。尽管如此，仍然为法国人学习中国兵法创

阿倍仲麻吕纪念碑

造了条件。据说拿破仑在战阵中经常阅读《孙子兵法》，有可能就是这个译本。到 1905 年英国人 E. F. 卡图奥普将《孙子兵法》译成英文，仍保持原名《孙子》，在日本东京出版，为使用英语的国家和地区提供了学习中国兵法的方便，可惜翻译的错误很多。随后有一位英国汉学家莱昂涅尔·吉勒斯又进行了重译，名叫《孙子兵法，世界最古之兵书》，于 1910 年在伦敦出版。这个版本根据清朝孙星衍所刊《十家注孙子》本，并博采诸说，加以注释，内容非常翔实，是当时最好的译本。就在这同一年，布鲁诺·纳瓦腊的德文译本也在柏林出版，名叫《中国之武经》。随

后，欧洲以至美洲各国也相继有了自己的译本。我国兵书在欧美大陆广泛的传播开来，据说目前世界各国都有《孙子》的译本。

我国兵书传到国外以后，对世界各国军事学术思想产生了极其积极的影响，受到很高评价和赞誉。日本人说："《孙子兵法》自奈良时代（710—784年）传到日本以来，给日本历史、日本人的精神方面以较大的影响。"孙武被尊为"武圣人"，《孙子兵法》被推崇为"兵学圣典"，"世界第一兵家名书"。日本战国时代（公元15世纪末至16世纪70年代）的著名武将武田信玄非常崇拜《孙子》，以《孙子》为座右铭。他把《孙子兵法》中"其疾如风，其徐如林，侵掠如火，不动如山"四句话，写在军旗上，竖于军门。日本古代的各种兵法，考其源流，无不与中国兵法有着极其密切的联系。如日本著名古代兵书《甲阳军鉴》、《信玄全集》、《兵法记》、《兵法秘传》等，其主要思想，都出自于《孙子兵法》，著名军事将领活用《孙子兵法》而取胜的战例在世界战争史上也不乏记载。如日本八幡太郎曾向太江匡房学习《孙子兵法》，在陆奥战役中，他看见雁鸟乱飞，想起了《孙子兵法》行军篇中的"鸟起者，伏也"，遂判断敌有伏兵，改变了作战计划，脱离了危险。日俄战争中，日本联合海军总司令东乡平八郎在出发时没有带任何日本典籍，只随身携带了一册《孙子兵法》。在对马大海战中，他大败俄国海军，其阵法就出自于《孙子兵法》。战争结束后，他曾用两句话概括他战胜俄军的道理，这两句话就是《孙子兵法》中的"以逸待劳，以饱待饥"。而陆军大将乃木希典，在战后则以私费出版《孙子谚义》赠友，可见《孙子兵法》在日本将领指挥作战中的地位和作用是多么的重要。

在欧洲，叱咤风云的军事家拿破仑，在戎马倥偬的战阵中，手不释卷地披阅《孙子兵法》。德皇威廉第二发动第一次世界大战失败以后，在没落的侨居中看到《孙子兵法》，当他读到"主不可以怒而兴师，将不可愠而致战，合于利而动，不合于利而止。怒可以复喜，愠可以复悦，亡国不可以复存，死者不可以复生"时，曾发出这样的浩叹："在20年前，倘若读到这书，则……"著名德国军事学家克劳塞维茨也受到《孙子》的影响，他的名著《战争论》就继承了《孙子》的许多思想。英国托马斯费立普少校主编的《战略基础丛书》，把《孙子》排在第一位。

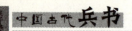
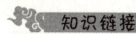
知识链接

军事存在的意义

军事的存在首先是居安思危。《周易》中提出："安而不忘危，存而不忘亡，治而不忘乱。"春秋时的孔子提出："有文事者，必有武备；有武事者，必有文备。"《左传》转引《尚书》之意，明确提出："居安思危，思则有备，备则无患。"《司马法》进一步指出："天下虽安，忘战必危。"即在和平时期也不能忘记战备的重要。

其次，军事是富国的保证。"富国强兵"是历代人们所追求的，孔子早就指出："足食，足兵，民倍之矣。"古人认识到了"富国"与"强兵"的关系，一方面，"富国"是"强兵"之本。战国时军事家孙膑认为，儒家的"政教"、墨家的"散粮"和道家的"静"，都不是强兵的办法，唯有"富国"才能"强兵"。国富是强兵的物质基础，《三国志》中记载邓艾的话说："国之所急，难农与战。国定则兵强，兵强则战胜。然农者，胜之本也。"即要取得战争的胜利，就要强兵，要强兵，就要富国，要富国，就要重农。因为中国是一个农业国家，国家所急需解决的问题是重视农业和加强军事。

第二章

先秦至魏晋时期的兵书与作者

　　先秦时期是中国兵书的初创期。而正是在春秋战国"百家争鸣"的大环境下,中国古代兵书很快迎来了发展的高潮,《孙子兵法》堪称中国古代兵书的里程碑。三国开始出现为兵书作注的新体例,将中国古代兵书的发展推向了新的阶段。

第一节
先秦时期的兵书与兵家

 姜尚与 《六韬》

　　姜尚，名望，吕氏，字子牙，也称吕尚，因是齐国始祖而称"太公望"，俗称姜太公，东海海滨人。西周初年，被周文王封为"太师"（武官名），被尊为"师尚父"，辅佐文王，与谋"翦商"。后辅佐周武王灭商。因功封于齐，成为周代齐国的始祖。他是中国历史上最享盛名的政治家、军事家和谋略家。

　　相传姜尚的先世为贵族，在舜时为官，因功被封于吕（今河南南阳），故为吕氏，名吕尚。中国古代的姓是母系氏族的产物，所以"姓"即"女生"，后来在一个姓中又以男性为主有了氏，到春秋战国以后，氏越来越多，姓和氏逐渐合二为一，就是现在所说的姓氏。后来家道中落，至姜尚时已沦为贫民。为维持生计，姜尚年轻时曾在商都朝歌（今河南淇县）宰牛卖肉，又到孟津（今河南孟津县东北）做过卖酒生意。他虽贫寒，但胸怀大志，勤苦学习，始终不倦地研究、探讨治国兴邦之道，以期有朝一日能够大展宏图，为国效力。直到暮年，终于遇到了施展才华之机。

　　当时，正是东方大国殷商王朝走向衰亡的时期。殷纣王暴虐无道，荒淫无度，朝政腐败，社会黑

姜尚雕塑

暗，经济崩溃，民不聊生，怨声载道。而西部的周国由于西伯姬昌（后为周文王）倡行仁政，发展经济，实行勤俭立国和裕民政策，社会清明，人心安定，国势日强，天下民众倾心于周，四边诸侯望风依附。壮心不已的姜尚，获悉姬昌为了治国兴邦，正在广求天下贤能之士，便毅然离开商朝，来到渭水之滨的西周领地，栖身于磻溪，终日以垂钓为事，以静观世态的变化，待机出山。一天，姜尚在磻溪垂钓时，恰遇到此游猎的西伯姬昌，二人不期而遇，谈得十分投机。姬昌见姜尚学识渊博，通晓历史和时势，便向他请教治国兴邦的良策，姜尚当即提出了"三常"之说："一曰君以举贤为常，二曰官以任贤为常，三曰士以敬贤为常。"意思是，要治国兴邦，必须以贤为本，重视发掘、使用人才。姬昌听后甚喜，说道："我先君太公预言：'当有圣人至周，周才得以兴盛。'您就是那位圣人吧？我太公望子（盼望先生）久矣！"于是，姬昌亲自把姜尚扶上车辇，一起回宫，拜为太师，称"太公望"。从此，英雄有了用武之地。不久，商纣王怀疑周文王欲图谋商之天下。遂将周文王拘捕在都城的监狱里。于是姜尚、散宜生广求天下美女和奇玩珍宝，献给纣王，赎出了文王。文王归国，便与姜尚暗地里谋划如何倾覆商朝政权。为此，姜尚策划出许多兵家谋略，由于这个原因，后人言及兵家权谋都首推姜尚，他便成了兵家的始祖，或称鼻祖。

姜尚在辅佐周文王期间，为强周灭商制定了一系列正确的内外政策。对内，实行农人助耕公田纳 1/9 的租税，八家各分私田百亩，大小官吏都有分地，子孙承袭，作为俸禄等经济政策，促进了生产的发展，打下了灭商的经济基础。对外，表面上坚持恭顺事殷。以麻痹纣王，暗中实行争取邻国、逐步拉拢、瓦解殷商王朝的盟邦，以翦商羽翼，削弱和孤立殷商王朝的策略。在姜尚的积极谋划下，归附周文王的诸侯国和部落越来越多，逐步占领了大部分殷商王朝的属地，出现了"天下三分，其二归周"的局面，为最后消灭纣王，取代殷商，创造了条件。

周文王死后，武王姬发继位，拜姜尚为国师，尊称师尚父。姜尚继续辅佐周国朝政。武王九年（约前1059年），为了探察诸侯是否会集而东讨商国。周军在姜尚的统帅下，浩浩荡荡开到孟津，周武王在这里举行了历史上有名的"孟津之誓"，发表了声讨殷纣王的檄文。届时八百诸侯会诸此地（当时的诸侯国都很小，商朝国土中竟达1800多个，后来的春秋五霸和战国七雄是在兼并混战中形成的较大诸侯国），显示了武王的声威。当时许多诸侯都说，

"商纣可伐!"武王和姜尚则认为,时机尚不成熟,殷商王朝的统治虽已陷入内外交困、岌岌可危的境地,但其内部尚无明显的土崩瓦解之状,如果兴师伐纣,必然会遭到顽强抵抗。于是,决定班师而回。这次行动,实际是灭商前的一次预演,在诸侯国间产生了强烈影响,使更多诸侯听命于周武王。

周朝建国之后,姜尚因灭商有功,被封于齐,都城营丘(今日临淄市临淄北)。姜尚东行到自己的封地去,路上每宿必留,走得很慢。有人对他说:"我听说过时机难得而易于失去,作为一个客人,安于路边旅店中的享乐,恐怕不像到自己封地上任的样子。"太公听了,夜里穿起衣服马上前行,天亮时到达营丘,正好遇到莱国的人来与他争夺营丘。

姜尚在齐国政局稳定后,又开始改革政治制度。他顺应当地的习俗,简便周朝的繁文缛节。大力发展商业,让百姓享受渔盐之利。于是天下人来齐国的很多,齐国成为当时的富国之一。在周成王时,管叔、蔡叔作乱,淮阿流域的少数民族也趁机叛乱(参见周公东征),周王下令给姜尚说:"东到大海,西到黄河,南到穆岭,北到无棣,无论是侯王还是伯男,若不服从,你都有权力征服他们。"从此,齐国成为大国,疆域日益广阔,使之成为后来的春秋"五霸"和战国"七雄"之一。战乱最终被周公姬旦给平叛,太公姜尚活了100多岁而卒,但葬地不详。

相传兵书《六韬》为姜尚所作,后人考证是战国时人依托于他的作品。但从现存的内容看,基本上反映的是姜尚的军事实践活动和他的韬略思想。司马迁在《史记·齐太公世家》中指出:"后世之言兵及周之阴权皆宗太公为本谋。"由此看来,姜尚实为中国谋略家的开山鼻祖。

《六韬》又称《太公六韬》、《太公兵法》,现在一般认为此书成于战国时代。全书以太公与文王、武王对话的方式编成。此书在《汉书·艺文志》诸子略兵家类中不见著录,但在儒家类著录有《国史六》"即今之《六韬》也,盖言取天下及军旅之事,字与韬同也"。《隋书·经籍志》明确记载:"《太公六韬》五卷,周文王师姜望撰"。但从南宋开始,《六韬》一直被怀疑为伪书,特别是清代,更被确定为伪书。然而,1972年4月,在山东临沂银雀山西汉古墓中,发现了大批竹简,其中就有《六韬》的50多枚,这就证明《六韬》至少在西汉时已广泛流传了,对它的怀疑与否定也不攻自破了。

《六韬》虽题为吕望所作,实际上当成书于战国中后期,但不排除其中反映了吕尚的某些军事思想,其真实作者已不可考。

《六韬》的版本源流比较复杂，各本内容互有异同。从现存本看，大致有以下四个系统：

1. 竹简本，即山东临沂银雀山汉墓土的《六韬》残简和河北定县汉墓出土的《太公》残简，这是现存最早的版本。前者已整理出来，有文物出版社铅印本。

竹简《六韬》

2. 唐写本，即敦煌唐卷子本《六韬》残卷，共存 201 行（其中一行只残存半个字），20 个篇目。原件藏法国巴黎全图书馆，北京图书馆有缩微胶卷，这是现存最早的纸写本《六韬》。

3. 《群书治要》本，是唐魏徵给唐太宗编的摘要本，只有文韬、武韬、龙韬、虎韬、犬韬的内容，未列子目，亦未收豹韬。以上三个系统都程度不同的保存了一些不见于今本的侠篇或侠文。

4. 《武经七书》本，初刻于北宋元丰二年（1080 年），现存有南宋孝宗、光宗年间的刊本，藏日本静嘉堂文库，是现存最早的刊本，国内有其影印本即《续古逸丛书》本。明清以来众多的总书本及其精本、白文本，大都属于这个系统的版本。

《六韬》的篇目，最早在《汉志》著录为《兵八十五篇》，今本即宋代删定的"武经"本《六韬》共 60 篇，两者相差 25 篇。现在所能看到的两种汉简本和唐写本残卷中的篇题和内容，既有与今本相同的，也有不同的。不同的篇题，如汉简中的《藻启》《治国之道第六》《以礼义为国第十》《国有八禁第二十》，唐写本中的《利人》《趋舍》《礼义》《大失》《动应》等。这些与今本不同的篇章内容当是 60 篇之外的 15 篇内容，或者为流传过程中失传，或者为宋朝廷颁定"武经"时删掉。

《六韬》是一部集先秦军事思想之大成的著作，对后代的军事思想有很大的影响，被誉为是兵家权谋类的始祖。司马迁《史记·齐太公世家》称："后世之言兵及周之阴权，皆宗太公为本谋。"北宋神宗元丰年间，《六韬》被列为《武经七书》之一，为武学必读之书。《六韬》在 16 世纪传入日本，18 世纪传入欧洲，现今已翻译成日、法、朝、越、英、俄等多种文字。

今本《六韬》共分6卷。文韬——论治国用人的韬略；武韬——讲用兵的韬略；龙韬——论军事组织；虎韬——论战争环境以及武器与布阵；豹韬——论战术；犬韬——论军队的指挥训练。《六韬》在国外颇受重视。日本战国时代的足利学校（培养军事顾问的学校）就曾把《六韬》与《三略》定为该校的主要教科书，据有关书目记载日本研究译解《六韬》的著作也有30多种。西方第一次翻译的中国兵书共四种，合称《中国军事艺术》，于1772年在法国巴黎出版，《六韬》就是其中一种。此外朝鲜、越南等邻国也相继出版和翻译了《六韬》。

六韬不仅文武齐备，在政治和军事理论方面往往发前人所未发，而且保存了丰富的古代军事史料，如编制、兵器和通讯方式等。该书具有重要的理论价值和史料价值。

"兵圣" 孙武

孙武是我国古代伟大的军事家，字长卿，春秋末期齐国乐安（今山东惠民，一说山东博兴，另一说山东广饶）人，其生卒年月已不可确考，大约与孔子（名丘，前551—前479年）同时或稍晚。因其兵法理论和军事思想，在中国和世界上产生巨大而深远的影响，被尊奉为"兵家鼻祖"和"兵圣"。

孙武雕塑

其所著述的《孙子兵法》，内容博大精深，气势恢宏豁达，论理惊世骇俗，出语震聋发聩，对战争和军事建设有极其重要的借鉴和指导作用，故被军界视为"兵经"。凡研究军事者，都将其视为必读军事著作的首选之一。

据《新唐书·宰相世系表》和宋邓名世的《古今姓氏书辨证》记载：孙武的祖先，原是周惠王五年（公元前672年）因陈国内乱逃亡到齐国的陈完。陈完逃到齐国后，改姓田氏，齐桓公任命他为管理手工业生产的"工正"之职。

田完的五世孙田书，字子上，是孙武的

祖父，齐景公时身居大夫之职。据《左传·昭公十九年》（前523年）记载，田书奉命在莒邑纪鄣（今江苏赣榆东北）攻伐莒共公的作战中立了战功。齐景公便把乐安封给田书，作为他的采邑，并赐姓孙氏，以表奖励（此时孙武约12岁）。本来春秋时代的"姓"是全族的共同称号，而"氏"只是某一个支派的称号，所以田书应当属于以"田"为姓、以"孙"为氏的一个支派。后来姓氏不分，人们就把"孙"作为孙武的姓了。

　　周景王十三年（前532年）夏，齐国新旧势力之间发生了一次激烈的武装斗争。斗争中，田氏联合鲍氏，打败了以栾氏、高氏为代表的旧贵族势力，取得了胜利。此事史称齐国"四姓之乱"。齐国"四姓之乱"后，孙武为了避开复杂险恶的环境，便离开了齐国故土，到南方新兴的吴国居住，当时的吴国，即今江苏的中部和南部一带。孙武到达吴国后，在都城姑苏（今江苏苏州）附近"僻隐深居"，一方面潜心研究兵法，观察吴国的政治动向，著成《孙子兵法》13篇，一方面结交被楚王迫害而投奔吴国的伍子胥（？—前484年。公元前522年，伍子胥因遭太子少傅费无忌陷害，父亲与兄长被楚平王所杀，被迫逃到吴国，发誓要覆楚报仇）。不久伍子胥与吴公子光结成好友。伍子胥与孙武相识约在公元前517年—前512年之间。两人在共同的田园生活中，结成了朋友。

　　周敬王四年（前516年，一说前515年），吴国内部发生了一场重大政治事件。战功卓著、韬略过人的公子光，指示伍子胥推荐的勇士专诸，刺杀了吴王僚，自立为王，人称他是吴王阖闾（吴王阖闾元年为公元前514年）。阖闾是一位奋发图强、立志改革的国君，他即位后便励精图治，讲文经武，决心使落后的吴国赶上中原各国，摆脱长期以来遭受楚国欺凌的屈辱地位。为此，他"食不二味，居不重席，室不崇坛，器不彤镂"，不迷恋安逸，不贪图享受，不追求玩好，一心要振兴吴国。因此，吴王迫切希望聚集人才，以佐自己成就富国强兵的伟业，伍子胥便是他聚集的人才之一。

　　伍子胥深知吴王阖闾的政治抱负和思贤若渴的急迫心情，也了解孙武的政治主张和军事才能。他向吴王阖闾推荐才华横溢的孙武。孙武施展抱负的大好时机，终于到来了。《吴越春秋》生动地描绘了孙武觐见吴王的情景：一日吴王登高台，向南仰天长啸，一会儿又长声叹息，群臣中没有人能知道吴王的心思。唯有在他跟前的伍子胥知道吴王之所以登高台而长叹，那是因为寻找不到一位精通文韬武略、能够率领吴军反击楚国的良将而感到苦闷。因此，伍子胥在一天之内，先后七次向吴王推荐孙武，极力推崇孙武的军事才能。吴王听后，决定召见孙武，亲自面试。

孙武带着他（据推算大约是在公元前515～前512年）写的《孙子兵法》13篇去见吴王阖闾。据说，吴王在同孙武见面时说："您写的13篇兵法，我都细细读过了。您能否当场演习一下阵法呢？"孙武回答道："可以。"吴王又问："可以用妇人试验一下吗？"答道："完全可以。"于是，吴王挑选了他后宫的嫔妃180人，让孙武演习阵法。孙武把这些嫔妃分成两队，叫吴王最宠爱的两个美姬分别担任队长，每人各拿一把戟。孙武问她们："你们知道心和左右手以及后背的位置吗？"她们点头说："知道。"孙武说："演习阵法时，我击鼓发令，让向前，你们就眼看着心；让向左，就眼朝左手看；让向右，就眼朝右手看；让向后，就掉转头把眼睛朝后背看。"她们都说："行！"布置完毕，孙武敲响向右的鼓令，那些嫔妃却都哈哈大笑。孙武严肃地说："对部属约束不严明，命令交代不清楚，这是主将的责任。"他又重新申明号令，然后击响向左的鼓令，嫔妃仍然大笑不止。孙武说："对部属约束不严明，命令交代不清楚，那是主将的责任；现在既然已经对你们重新申明过号令，再不执行命令，那就是吏卒的责任了。"说完就下令把左右两个队长推出斩首。吴王站在高台上观看演习，见孙武下令要杀他的两个爱姬，吓出一身冷汗，急忙叫人对孙武传话说："寡人已经知道将军能够用兵了。我没有这两个美姬就会食不甘味，希望不要杀掉她们。"孙子回答说："臣既然已经接受命令担任将军，将军在军中执行军务时，国君有的命令可以不接受。"说完就下令把两个美姬当场斩首，然后再挑选另外两个嫔妃担任队长，击鼓演习阵法。这下，宫女们个个规规矩矩，严格执行命令，一举一动完全听从指挥，阵列非常整齐。孙武派人到高台上禀报吴王说："兵阵已经操练好了，请大王下来看看；大王可以用她们出征打仗，即使赴汤蹈火，她们也会奋勇前进的。"吴王虽然因为孙武处死了他的两个爱妃而有些不高兴，但是他也因此而知道孙武善于用兵的才能，于是就在周敬王八年（前512年）任命孙武为将军。孙武的军事生涯也就从此开始了，孙武在吴宫斩美人的佳话从此也广为流传，直到今天还是人们的美谈。

孙武为将之后，不但为励精图治的吴王治军讲武，勾画富国强兵的蓝图，而且为吴国的兼并战争立下了赫赫战功。他首先参与吴军攻灭徐国和钟吾两个小国的作战指挥，为吴国即将攻伐楚国创造了有利条件。《史记·孙子吴起列传》对孙武的战绩曾有概括的叙述："西破强楚，入郢，北威齐晋，显名诸侯，孙子与有力焉。"

孙武祠

所谓"西破强楚，入郢"，指的是周敬王十四年（前506年）发生的吴楚柏举之战。吴王阖闾任命孙武为吴军主将，伍子胥为副将。他们率领吴军主力3万余人，沿淮河逆流而上，从淮汭（今河南潢川西北）登陆，迅速通过大别山与桐柏山之间的3个隘口大隧（武阳关，今河南信阳南）、直辕（九里关，今河南信阳南）和冥阨（平靖关，今河南信阳西南），进抵汉水岸边，与楚军隔河而阵。两军在柏举（今湖北汉川北）展开了一场决战，楚军遭到惨败，损失很重，吴军乘胜追击，又五战五捷，攻占了楚国的都城郢（今湖北江陵西北纪城南）。作为这次攻伐楚国的主将，孙武立下显赫的战功。

所谓北威齐晋，是指周敬王三十六年（前484年），吴军在齐国的艾陵（今山东莱芜东北）重创齐军的一次作战。柏举之战后，孙武继续辅佐阖闾，曾在对越国作战中，同伍子胥一起，为吴国"南服越人"做出了贡献。10年之后（前496年后），阖闾在同越国作战中受伤身亡，其子夫差继位，并在周敬王二十五年（前495年）将吴纪年改为吴王夫差元年。夫差继位后，孙武继续辅佐新主。当夫差得知齐国君臣不睦、悼公被杀、新君初立后，决定出兵攻齐。两军在艾陵交战，吴军大胜，斩杀齐军甲士3000人，俘虏齐军主帅国书等人，缴获革车800乘，为吴国争夺中原霸权创造了条件。周敬王三十八年（前482年），吴王约定晋定公等诸侯国在黄池（今河南封丘南）会盟，吴王夫差如愿以偿，取代了晋国的霸主地位，孙武对此也有不可磨灭的功勋。

从周敬王八年（前512年）被吴王阖闾任命为将，到周敬王三十八年的黄池会盟，孙武在吴国活动了30年，为吴国的强盛和称霸中原做出了杰出的贡献。但是，吴王夫差取得霸主地位后，骄奢淫逸，国事紊乱。孙武同夫差这样的国君不能相容，所以他便引退而去。据《越绝书》记载，江苏吴县东门外，有孙武的坟墓。看来，孙武没有像伍子胥那样遭到夫差的杀害，他可能是隐退山林，终老其身。

兵学圣典： 《孙子兵法》

《孙子兵法》，是我国古代著名的军事理论家和军事家孙武所著。

《孙子兵法》是我国现存最早的一部自成体系的军事学著作。它总结了我国春秋以前的战争经验，提出了一系列带普遍性的战争指导规律，它在我国古代军事学术和战争实践上起过重要的指导作用。《孙子》13 篇构筑的思想体系结构，大体上可分为两部分：一部分是宏观战略认识体系；一部分是微观战术认识体系。全书对战争的准备，战略计划的制定，战役的组织，战术手段的应用，以及行军、后勤保障、各种地形条件下的作战方法等都做了层次分明的阐述。每篇既是一个独立整体，篇与篇之间又互相照应，构成一个完整的兵学体系。

在《孙子兵法》的宏观战略体系中，大体包括《计篇》、《作战篇》、《谋攻篇》和《形篇》等前四篇的内容。在这四篇中，孙武较深刻地论述了战争的制胜因素，强调了"庙算"的重要；强调了战争和政治、经济、外交、天文、地理诸综合因素的关系；提出了重战、慎战、利战的全胜主张，告诫将帅指导战争、组织战争、发起战争要审时度势，决不可轻率用兵；强调了以谋略胜敌，而不是以力胜敌的思想，指出最理想的境界是"不战而屈人之兵"。

在《孙子兵法》的微观战术体系中，大体包括《势》《虚实》《军争》《九变》《行军》《地形》《九地》《火攻》《用间》等 9 篇。这些篇章具体阐述战争实施方面的具体原则和方法，如要将帅在军队部署和兵力配备上形成一种压倒敌人的形势；要根据不同的敌情、我情、天候、地形和其他条件，灵活用兵；要掌握机动原则调动敌人；要发挥将帅的主观能动性，先造成敌虚我实的形势，然后"避实击虚"；要正确判断敌情，并注意整饬内部，以文武之道统军；要掌握各种地形条件下的战术运用原则；要懂得在各种不同地域形势下的用兵原则；要善于使用间谍以了解敌情，调动敌人；要了解火攻的特殊战法等等，这之中贯穿的一条红线就是知彼知己，机动灵活，避实击虚，出敌意外，变化无穷。

漫长的中国历史，造就了一代又一代的将帅和军师，其中撰写兵书的将帅也不在少数，但没有一个不是主述孙子的，如孙膑、尉缭、张良、韩信、曹操、诸葛亮、李靖、岳飞、戚继光、曾国藩等等。我国古代兵书，据近人陆达节《历代兵书目录》统计，上自黄帝，下迄明清，共有1300多部，但其中绝大部分已散佚或被淘汰，流传下来的有288部。由于条件所限，他们的著录遗缺很多，据今人估计，存世的兵书约有四五百种，这些兵书中影响最大的当数《孙子兵法》。在古代兵书中，直接为《孙子兵法》校勘、注释、批点、直解、阐发、考证、辑佚和进行研究的著作就有312部，而我们今天仍可看到的还有207部。即使是后世的兵家作者，他们在书中或明引或暗取孙子的观点，并没有推翻《孙子兵法》所确立的兵学框架，他们所做的，只是根据时代的发展和战争手段的进步来补充孙子的兵学体系，使一些原则具体化。明人茅元仪说："前《孙子》者，《孙子》不遗；后《孙子》者，不能遗《孙子》。"此话并非过誉，南北朝以后，历代统治者治军经武，进一步认识到《孙子兵法》的价值，开始尊之为"兵经"。唐玄宗以《孙子兵法》为标准，来选择武举和将帅。他曾下令天下诸州，无论官吏还是百姓，"有智合孙吴，可以运筹决胜者"，都把姓名报往朝廷待选。唐睿宗也曾下令征举"习韬略，学孙吴，识天时人事者"。到了北宋元丰年间，官方颁布《武经七书》，《孙子兵法》为第一部，被钦定为武学的正式教材，是武举策论考试的命题依据。明朝朱元璋急于培养选拔军事人才，洪武三十年（1397年）下旨，军官子孙必须读《孙子兵法》等武书，"通晓者，临期试用"。并下令兵部刻印以《孙子》为首的《武经七书》，发给附属于国子监读书的公侯、驸马、伯爵、都督以下武职子孙。明清仍沿袭宋、明旧制，继续实行武科举制度，科举考试中的策论或用《武经七书》或用《武经三子》（《孙子》《吴子》《司马法》）出题，有关《孙子兵法》的策题最多。《孙子兵法》对后代的影响，不仅仅在军事方面哺育了我国一代代将帅，不仅仅指导疆场厮杀和充当武学、武举的教范，而且影响到我国政治、经济、文化生活的各个领域，影响到我国近代、现代社会生活的各个层面，同时也传播到了全世界。

竹简《孙子兵法》

　　《孙子兵法》以日本传播最早，

早在唐朝开元二十三年（735年），《孙子兵法》就传入了日本。遣唐使吉备真备带回的《孙子兵法》被珍藏于皇宫之内，规定非皇室成员不得浏览。后来，他奉日皇之命，仅向六人讲授《孙子兵法》。日本历代将领都把《孙子兵法》当做用兵指南，奉之为圭臬。《孙子兵法》传入欧洲当以法国为最早。1772年，巴黎就出版了名为《中国军事艺术》的丛书，《孙子兵法》是其中的一部。据说拿破仑对这本书推崇备至，常在戎马倥偬中挑灯夜读。俄译本《孙子兵法》已有上百年的历史，是前苏联历届军政领导人的必读之作。在西方世界，对《孙子兵法》研究最深的是英国，影响最大的是英文译本。英国著名的战略家利德尔·哈特在他的军事学专著《战略论》的扉页上，引用前代著名军事家的语录21条，其中孙子语录就占15条，并被放在最前面。他曾经高度评价孙子的"全胜"思想，认为孙子对战争的理解，其完整和周密是无法超越的。1961年，英国元帅蒙哥马利访问中国时，在武汉会见了毛泽东，交谈中对《孙子兵法》赞不绝口，提出要把它作为世界各个军事学院的教材。《孙子兵法》的德译本出现较晚，因发动了第一次世界大战而被废黜的德国皇帝威廉二世，流亡到伦敦后才读到《孙子兵法》，他无限感慨地说："我如果早20年读《孙子兵法》，就不至于饱尝亡国的惨痛了！"在越南战争时，驻越美军司令威斯特摩兰后来主张从越南撤军，他说他之所以转变态度是受了《孙子兵法》的启发，是以孙子的"兵久而国利者，未之有也"的理论为依据的。1989年美国海军陆战队司令艾弗瑞·格雷上将决定把《孙子兵法》作为陆战队官兵必读书的第一本，格雷在训令中说："孙子的作战思想在今天同2500年前一样适用，是当今实施运动战的基础。"80年代，美国军界普遍深入地开展对《孙子兵法》的学习与研究。全美著名大学中，凡教授战略学、军事学课程的，无不把《孙子兵法》列为必修课。据不完全统计，美国民间有近百个研究《孙子兵法》的学会、协会或俱乐部。美国的"孙子研究"热还辐射到世界其他国家。

日本最先把《孙子兵法》由军事领域转移到商业领域。日本人普遍认为，营销如用兵，商场如战场。虽不见硝烟，不动刀枪，一旦失算，货压库房，破产倒闭，老板跳楼，同战场一样残酷无情。而《孙子兵法》充满智慧，蕴含哲理，既可以为王者师，也可成为经营者师。日本松下电器集团、精密工业株式会社、索尼电器集团、汽车制造业的三杰——本田、日产、丰田等公司都用《孙子兵法》培训管理人员、指导经营，同样都取得了极大的成功。美国人也不甘示弱，许多跨国公司纷纷根据孙子思想制定竞争战略。哈佛大学商业管理学院给学生讲授《孙子兵法》课程，把《孙子兵法》中的"庙算"、"知彼知己"等观点引入现代管理学，要求学生熟背《孙子兵法》。

目前，《孙子兵法》的研究和应用涉及到许多领域，如预测学、逻辑学、心理学、人才学、情报学、管理学、系统论、决策论等。《孙子兵法》的语译本达25种，版本超过700种。孙武的学说为一切谋求制胜之道的人们所借鉴，所信奉，正以不可遏止之势走向未来。

总之，《孙子兵法》正成为现代人的智慧库，成为世界各国人民争相挖掘不尽的思想宝库。

军事天才变法能手：　吴起

吴起（前403—前381年）是继孙武之后又一位著名的大军事家。史称二人为"孙吴"。与孙武简单的人生相比，吴起的人生要复杂得多。吴起是卫国人，他是个功名心极重的人，原来家有千金，为了在仕途上有所成就，遂破其家；为了求功名，与其母诀别，并在胳膊上咬出鲜血发誓，不为卿相就不回家；在向曾子求学期间，母死不归，曾子是儒家代表人物，极重忠孝，见吴起如此，就把他赶走了；为了求将，先鲁后魏，为魏大将守西河近30年，有功于魏国；他为了当宰相，与魏宗室田文论功，其追求功名利禄的心态到了无所顾忌的、赤裸裸的地步。吴起不仅功名心极重，性情也十分暴虐。《史记》记载其因为游学求仕，家产都耗光了，遭到了乡人的哂笑，吴起一怒之下，"杀其谤己者三十余人"；为了求将，取悦鲁君，竟杀害自己的妻子。当吴起逃奔魏国，魏文侯问相国李克："吴起如何人也？"李克实言以告："贪而好色。"吴起尽管是军事大家，在历史上的名声其实并不好。连司马迁都说他"刻暴少恩"，是个薄情少义之人。纵观他的人生轨迹，此言不虚。尽管吴起的人生轨迹跌宕曲折，道德诉求也为传统的儒家思想所不容，但是，吴起的军事才能却是数千年来所公认的。其军政才能主要表现在以下三个方面：

第一，以法治军、令出如山是吴起用兵统军的主要原则之一，这不仅表现出他的军事才能，同时也是他的性格使然。《韩非子·外储说右上》记载：吴起为魏武侯西河之守。秦有小亭临境，吴起欲攻之。不去，则甚害田者；

去之，则不足以征甲兵。于是乃倚一车辕于北门之外而令之曰："有能徙此南门之外者，赐之上田、上宅。"人莫之徙也，乃有徙之者，还，赐之如令。俄又置一石赤菽东门之外而令之曰："有能徙此于西门之外者，赐之如初。"人争徙之，乃下令曰："明日且攻亭，有能先登者，仕之国大夫，赐之上田上宅，人争趋之。于是攻亭，一朝而拔之。"

此法亦被之后的商鞅所采用，同样产生了令出如山的奇效。据《尉缭子·武议第八》记载："吴起与秦战未合，一夫不胜其勇、前获双首而还，吴起立斩之。军吏谏曰：'此材士也，不可斩。'起回：'材士则是也，非吾令也，斩之！'"千载之下，闻之令人股栗！

第二，恩威并施，赏罚分明。《韩非子·外储说左上》云：吴起为魏将而攻中山，军人有病疽者，吴起跪而自吮其脓。伤者之母而泣，人问曰："将军于若子如是，尚何为而泣？"对曰："吴起吮其父之创而父死，今是子又将死，今吾是以泣。"

此段史料亦见于《史记·孙子吴起列传》，足见吴起能以恩情结士心。《史记》上亦云："吴起善用兵，廉平，尽能得士心。"廉，指廉洁；平，指平和。能以和气平等的态度待士兵，得士心，就能得到士兵的拥戴。《孙子兵法·地形篇》云："视卒如婴儿，故可与之赴深溪。"说明将军爱护士卒是保持军队战斗力的一个重要环节。《吴子·励士第六》亦有记载："于是武侯设坐庙庭，为三行，飨士大夫。上功坐前行，肴席兼重器上牢；次功坐中行，肴席器差减；无功坐后行，肴席无重器，飨毕而出。又颁赐有功者父母妻子于庙门外，亦以功为差。有死事之家，岁使使者劳赐其父母，着不忘于心。行之三年，秦人兴师，临于西河，魏士闻之，不待吏令，介胄而奋击之者，以万数。"

吴起

为了激励士气，吴起赏罚分明：根据功劳大小分出等级，"上功坐前行"，"次功坐中行"，"无功坐后行"；同时，根据功劳大小，"颁赐有功者父母妻子于庙门外"；对于死难之士，则"劳赐其父母，着不忘于心"。民心所向，群情激奋，一旦秦国入侵，"不待吏令"，魏人自带武器击秦军"以万数"，形成了强大的战斗力。

正因为吴起治军纪律严明，赏罚分明，爱护士卒，在纷乱复杂的战国时期，他的军队可说是天下无敌。据《吴子·图国第一》记载：吴起被魏文侯拜为将之后，"守西河与诸侯大战七十六，全胜六十四，余则均解"。"均解"即打成平手。在世界军事史上，达到这种战绩的人为数寥寥。吴起成了楚悼王的令尹之后，在楚变法，短短10年之后，"南平百越，北并陈蔡，却三晋，西伐秦"，楚国之声势远布中原。

第三，吴起的政治才能应该与他的军事才能在伯仲之间，史料虽未详载，但透过字里行间，能发现吴起不仅军事上有一套，政治上也是治国高手。《史记》记载：吴起与魏武侯在河中泛舟时，魏武侯沉浸在魏国山河的壮色之中，吴起提醒他，"在德不在险"，治国的重要举措在"修法"，即政策、措施得民心。另外，他在与田文争功，要入朝当相时说："治百官，亲万民，实府库。"这些行为本是政治家的分内事，吴起却理直气壮地提了出来。他在楚国的变法也卓有成效。可见，吴起不仅能马上治军，而且还能马下治民，是位出色的政治高手、治国巧匠。

如果说吴起的政治才能在魏国没有引起人们的重视，史书不见详载，那么，他离魏奔楚，被楚悼王拜为令尹（相当于后世的宰相）之后，在楚国则充分地施展了他的政治才能。司马迁的《史记·孙子吴起列传》中有四句话："明法审令，捐不急之官，废公族疏远者，以抚养战斗之士。"短短四句，内容丰富，包括了吴起在楚变法的内容：修正法令，制定政策，淘汰冗官，削除那些疏远的贵族特权，提高士兵的待遇，以达富国强兵之效。关于吴起变法，《韩非子·和氏第十三》亦有记载，与《史记》所载基本相同。

楚国是南方大国，曾有楚庄王问鼎中原，成为五霸之一。公元前506年（《左传·定公四年》），楚遭吴将伍子胥攻破，宗庙被毁，平王被鞭尸。从此，楚国一蹶不振，虽经昭王、惠王、简王、声王几代君主努力，也未从楚都被焚的恶梦中苏醒过来。悼王即位后，力图振作一番，恢复庄王声势。这时候的楚国大权掌握在屈、景、昭三姓手中，大臣太重，封君太滥，严重削弱了楚国的力量。所以，当吴起去魏奔楚时，悼王觉得吴起是扭转楚国颓势的人才，就命吴起为令尹，主持变法。

因为吴起在变法过程中，"使封君之子孙三世而收爵禄"，"捐不急之官……以抚养战斗之士"，损害了贵族的利益，甚至使一些贵族只好远离楚国，到其他国家谋生，这些人对吴起恨之入骨。有个叫屈若宜的贵族，在临去魏国时对吴起说："你是个灾星，杀妻求将，贪财好色，师事曾参，未终而逐，事鲁不成而去魏，事魏不成又来楚。楚悼王 20 多年来一直没有灾难，看来你要给他带来灾难了，我劝你取消变法，否则你不得好死。"

公元前 381 年，楚悼王死后还未安葬，楚国贵族就向吴起发动进攻。为了避箭，吴起向停放悼王尸体的地方逃跑，并伏在悼王尸体上，贵族们射中了吴起，也使楚悼王中箭。按楚国法律，"丽兵于王尸者，尽加重罚，逮三族"，结果，"坐射起而夷宗死者七十余家"。也就是说，70 多家贵族为他们的疯狂举动付出了应有的代价，被屠杀灭族。

吴起死于乱箭之下，他在楚国的变法也烟消云散，但他所进行的变法事业并没有因此中断。20 年后，他的同乡、卫人卫鞅在秦变法成功，史称商鞅变法。也有史家假设说，吴起在楚国的变法如果成功，后来统一中国的便不是秦国而是楚国。假设终归是假设，吴起变法没有成功，却死于乱箭之下；商鞅变法成功，也被车裂而死。这大概就是变法者的宿命吧！

孙膑与 《孙膑兵法》

孙膑是战国中期杰出的军事家。齐国阿（今山东阳谷东北）、鄄（今山东鄄城北）一带人，孙武的后裔。生卒年月不详，约活动于公元前 4 世纪后期，大体在吴起之后，与商鞅、孟轲同期。他一生坎坷不平，连真实姓名也没能留下。

据《史记》卷 65《孙子吴起列传》记载，孙膑在早年曾与庞涓一道学习兵法。庞涓学成之后，先到魏国，被魏惠王任命为将军。庞涓自知才能不如孙膑，因而嫉妒他，便秘密派人召来孙膑，用刑法砍断他的双膝，并在他脸上刺字涂黑，企图让孙膑不能再出头露面。齐国的使者来到大梁，孙膑以刑徒的身份，想办法暗中会见使者，并用言词打动他。齐国使者感到孙膑是个奇才，便在回国时用车把孙膑带回齐国。齐国的将军田忌对孙膑很友好，并以客礼相待。田忌经常和齐国的公子们赛马，下重金赌胜。孙膑看到他们的马在奔驰能力上不相上下，并且都分为上、中、下三等，于是孙膑对田忌说："您只管再同他们比赛，我一定能使您获胜。"田忌很相信孙膑的话，便与齐王和诸公子用千金来赌胜。到了比赛的时候，孙膑说："请用您的下等乘马对他们的上等乘马，用您的上等乘马对他们的中

孙膑画像

等乘马，用您的中等乘马对他们的下等乘马。"三等乘马全部比赛完毕后，结果田忌输了一局而连胜两局，终于得到了齐威王的千金。于是田忌把孙膑推荐给齐威王。齐威王同他议论兵法，并委任他为军师。孙膑担任齐国的军师后，便在齐魏桂陵之战、齐魏马陵之战中，展现出杰出军事家的才华。周显王八年（前361年），魏惠王迁都大梁之后，不断向东扩张，威胁齐国。齐威王利用赵、魏两国与魏国的矛盾，拉拢赵、韩以抗魏，展开了齐、魏争雄中原的斗争。十五年，赵国出兵进攻依附于魏的卫国，迫使卫国屈服于赵。魏国为了保护卫国，便派将军庞涓率兵8万围困赵都邯郸。次年，赵向齐求救，齐威王准备任命孙膑担任主将，孙膑婉言辞谢说："受过刑罚而身体伤残的人是不能受此重任的。"于是命令田忌为主将，孙膑为军师，统兵8万救赵。田忌主张赴赵进攻魏军以解救国。孙膑说：要解开杂乱纠缠的绳索只能用手去仔细分解，不能用拳头去猛烈打击；要劝说正在争斗的双方，只能用好言去相劝，不能动手直接参加。避实击虚，造成有利于我不利于敌的形势，敌军就会自动撤军解围了。因此主张乘魏军主力在赵，国内空虚之机，直趋大梁，

迫魏军回师自救，于归途中截击，以达到救赵击魏的双重目的。田忌采纳了孙膑"围魏救赵"、"攻其所必救"之谋，即率主力向魏国首都大梁进军，并抢先到达魏军回师必经之地桂陵。齐军之举，既坚定了赵军抗魏之志，又迫使庞涓率军撤离邯郸，兼程回师。当魏军到达桂陵时，突遭齐军截击，魏军仓皇应战，终致惨败。孙膑在此战中以避实击虚、攻其所必救之策，创造了"围魏救赵"的典型战例。后世兵家常沿用这一战法，来达到诱敌就范而取胜的目的。周显王二十六年（前343年），魏国派庞涓率军联合赵国进攻韩国，韩国向齐国求救。齐威王采纳孙膑的建议，决定发兵救援，以促进韩国竭力抵抗魏国。齐国虽允诺援韩攻魏，但在战事初起，魏、韩双方实力未损时，过早出兵对齐不利。当韩军五战俱败，韩国危急，魏军已十分疲惫时，齐国才乘机出兵救援。二十七年，齐国又以田忌为主将，孙膑为军师，仍用"围魏救赵"之策，率军直趋魏都大梁（今河南开封），诱使魏军从韩国撤围，回师自救。魏军果然中计撤回，并以太子申为上将军，庞涓为将，率军10万东出外黄（今河南兰考东南），迎击齐军。孙膑利用魏军轻视齐军，庞涓求胜心切的弱点，采取避战示弱、退兵减灶、以示齐军兵力日减的策略，引诱魏军追击。孙膑对田忌说：他们三晋的军队向来骠悍勇武而轻视齐国，齐国有怯弱之名，善于打仗的人就要因势利导。兵法上说，急行军100里去争利会损失上将；急行军50里去争利只有一半人能赶到。我军进入魏境后，第一天要造10万人吃饭用的灶，第二天减为5万，第三天减为3万。庞涓率领大军尾随齐军走了3天，看到齐军的灶每天减少，非常高兴地说：我早就知道齐军怯弱，进入我国境内3天，士兵就逃亡过半。于是他脱离大军主力，只率领轻装精锐的部队，昼夜兼程地追击齐军。孙膑估算魏军的行军速度，大概在天黑以后要走到马陵。马陵的道路狭窄，路旁多险阻，利于设伏。孙膑让士兵将路旁一棵大树的树皮剥去一段，在白木上写下"庞涓死于此树之下"八个大字。然后命令齐军精选万名弓弩手，埋伏在道路两旁，并且约定说：晚上见到有人点火就一齐放箭！庞涓果然在夜晚来到剥去树皮的大树下，看到树上写着字，便叫人点火照看。还没有把字看完，齐国士兵万弩齐发，魏军大乱，彼此不能相互救援。庞涓自知大势已去，智穷兵败，只好拔剑自杀。临死前他愤恨地说："居然让孙膑这小子成了名！"齐军乘胜发起攻击，全歼魏军，俘虏了魏太子申回国。此战，是中国战争史上由孙膑指挥的设伏歼敌的著名战例。作战中，孙膑利用庞涓的弱点，制造假象，以"能而示之不能"之策，诱敌入伏，达到全歼魏军的目的。此战之后魏国一蹶不振，齐国一跃而成为当时东方的强国，孙膑也因此而名扬天下。孙膑晚年不知所终，他一生不但善于用兵，而且在遭受迫害时，还忍辱不屈，发愤著书，后又不断增补，给后世留下了他所著的千古生辉的兵法。

《孙膑兵法》又称《齐孙子》，约成书于战国中期，史书对《孙膑兵法》早有记载。《史记》卷65《孙子吴起列传》说："世传其兵法"。在《太史公自序》中又说："孙子膑脚，而论兵法"。《汉书·艺文志》著录有《齐孙子》89篇，图4卷。《汉书·陈汤传》曾征引《孙膑兵法》的"客倍而主人半，然后敌"，说明西汉时《孙膑兵法》尚在流行。其后失传，至《隋书·经籍志》已不见著录。于是疑问丛生，或说孙膑即孙武，或说《孙膑兵法》即《孙子兵法》。1972年，山东临沂银雀山1号墓（属西汉早期）发现了几百枚竹简，即《孙子兵法》竹简、《孙膑兵法》竹简和其他先秦兵书竹简。这一发现使千年疑窦顿开，不解之谜忽释。原来孙武是孙膑的祖先，《孙子兵法》和《孙膑兵法》是两部自成系统的兵书。这一发现在国际上亦产生了轰动效应。

新发现的《孙膑兵法》竹简共364枚，1.1万余字，分上、下两编，各15篇。上编记述孙膑的言论和有关的事迹。下编内容疑点颇多，各篇文体不同，不似孙膑一人一时所作，可能由其弟子增补而成。1985年，银雀山汉墓竹简整理小组在重新编写《银雀山汉墓竹简壹·孙膑兵法》时，为慎重起见，将下编全部移入第二辑《佚书丛残》，并且增补了"五教法"一篇。重定竹简《孙膑兵法》为16篇，222简，4891字。竹简虽然残缺，释义有待深入，但也基本上反映了孙膑论兵的要义。

竹简《孙膑兵法》在继承《孙子兵法》等前人兵法的基础上多有发展和创见，它的重新面世，受到中外学者的普遍关注，现已有10多种文字《孙膑兵法》的译本问世。日本及东南亚、欧美等地还有诸多关于《孙膑兵法》的介绍和评述文章，说明当今世界上对其内容的研究正在日益深入。

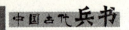
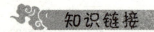

知识链接

中国古代兵书的数量

我国兵书的发展源远流长，可以上溯到商朝时的甲骨文和金文。到西周时，出现了正式的兵书，如《军志》等，可惜没有流传下来。春秋时期的《孙子兵法》是我国现存最早的完整兵书。之后，各种兵书不断出现。兵书的数量，据陆达杰 1933 年在《历代兵书目录》中的统计，上自神农黄帝的传说时代，下至明清，共有 1304 部，流传下来的有 280 部，实际上还不止此数。

第二节
秦汉魏晋时期的兵书与兵家

《三略》的作者疑云

《三略》是中国古代的一部兵法，相传是一位叫黄石公的人所撰，之后又传授给汉初的张良。张良的传奇经历和功业也赋予这部书许多神秘色彩。历史上有关《三略》的史料记载有以下一些：《文选·运命论》记载三国魏李康所言："张良受黄石之符，诵《三略》之说，以游于群雄"；《隋书·经籍志》云"下邳神人撰"；《史记·留侯世家》引唐张守节；《正义》引《七录》云"太公兵法一帙三卷，太公，姜子牙，周文王师，封齐侯也"；《史记·太史公自序》引张守节《正义》云"言吕尚绸缪于幽权之策，谓《六韬》、《三略》，阴符七术之属也"；《宋史·艺文志》载"张良所传"；清代姚际恒在《古今伪书考》中认为《三略》不录于《汉书·艺文志》，"是后人伪托之书"。因此，关于《三略》的成书年代及作者有三说：一是黄石公所作，张良所传；二是齐国始祖姜尚所作；三是后人伪作，成书于"东汉末年"。近有研究者认为是"秦末汉初的作品"；还有研究者认为《三略》一书的作者可能是西汉晚期一位通晓军事、熟悉张良事迹的隐士，托黄石公之名撰写。

　　现在要准确考出《三略》的作者已十分困难，但根据《三略》的内容，推断出其作者的大概年代还是可能的。《三略》里有许多，"国"这样汉以后不可能有的概念。与"国"对应的另一个概念是"帝王"。《上略》云："扶成天威，廉正八极，密定九夷，如此谋者，为帝王师"，作为"帝王"的条件是"正八极"，"定九夷"，显然不是作为"国"所能包含的，只能是"普天

张良雕塑

之下，莫非王土；率土之滨，莫非王臣"的周天子才具备。在中国历史上，帝王与国君、天下与国并举只能出现在先秦，具体而言是西周春秋、战国早中期。

在西周、春秋时期，只有周天子才能称"王"，周天子的领土称为"天下"，而诸侯国的国君称为"君"，领土称为"国"，这是周礼上严格规定了的，绝对不能逾越。秦汉以后，随着大一统的中央集权的建立并巩固，人们对"国"的认识已不是如先秦那样与天下相对，而看成是与朝廷一致的概念。汉以后，文献中一般没有"国"与天下并举的提法，国就是朝廷，就是天下。所以，把"一国"与"八极""九夷"并提，只能是西周春秋和战国早中时期的用语。

《三略》屡屡提倡国家纳举贤才，网罗英雄的举措属于战国之风气，罗其英雄则敌国穷，更是战国所独有。在中国古代，国与国之间为了富国强兵而纷纷网罗人才的时代只能是春秋战国，秦汉以后天下归一统，何来罗其英雄而敌国穷之说？

战国是中国历史上一个特殊的时代，这种特殊性主要表现在西周时期的井田制、分封制走向崩溃，旧的价值观念崩溃，新的社会还没有产生，因此，整个社会处于大混乱、大分裂、大改组之际。在这种统一前夜的背景下，从西周春秋时期发展起来的诸侯各国，为了在国际战争中求生存，一方面与别国连年征战，另一方面，为了富国强兵，各国都在竭尽全力网罗人才，以致形成风气，致使以布衣而致将相者有之，如邹忌；朝为皂隶而暮至大将者有之，如孙膑。因此，在战国时期，不使人才落入他国是削弱别国力量的有力措施之一。

所以，在中国历史上，真正尊重人才，人才得到自由发展的时代是战国。在中国历史上，"罗其英雄，则敌国穷"的时代除了战国之外别无他有。而且《三略·上略》又云："用人之道，尊以爵，赡以财，则士自来；接以礼，励以义，则士死之。"这种网罗人才的方法正是战国时期"礼贤下士之风"的反映，战国时各国国君正是通过这种"礼士"的方式网罗了大批人才。这种真正的"礼贤下士"之风，在秦汉以后，再也没有出现了。

《三略》中出现了秦汉以后不可能出现的政治概念。《三略·下略》云：国君出下臣名"命"，施于竹帛名曰"令"，奉而行之名曰"政"。夫命失，则令不行，令不行，则政不立，政不立，则道不通，道不通，则邪臣胜，邪臣胜，则主威伤。

这段话的意思是：君主的意思用口头传达给臣下的叫做"命"，把它写在竹帛上叫"令"，依照命令来处理国事叫做"政"。应该说，这些概念不会出现在秦汉以后，而是战国时期的产物。"命""令"的最初含义是指周天子的"命令"，"命"指周天子发布的要天下执行的各种文告指示；"令"指周天子告朔时行的"月令"。

秦汉以后，国君的指示、命令比较规范化、制度化了。《史记·秦始皇本记》记载：始皇统一六国后，自以功盖三皇，德比五帝，给自己设计了一个新的至高无上的头衔——皇帝。皇帝的指示也有严格规定："命曰：'制'，令曰'诏'，天子自称朕。"从此以后，"诏""制"成了皇帝的专有名词，"命""令"之类的词降到次一等的位置，为将军或有关政府、国家机构所用。

所以，据此可知《三略》非汉代作品。纵观《三略》的整体思想，完全与儒家思想格格不入。同时，儒家思想在西汉中叶被定于一尊以后，在思想学术领域占主导地位，指导着人们的思维走向和行为方式。然而在《三略》里，却以道家、法家为指导，论述军事、政治及各种权谋思想，从汉以后的思想学术发展来看，这几乎是不可想象的。因此，综上所述，《三略》应是战国中后期的作品，是忧愤国家的隐士所作。因为战国早期，系统的军事政治思想没有产生，战国中期，各国处在富国强兵的实践阶段；战国后期，是人们运用当时盛行于社会的各种理论治理国家的总结阶段，才有《三略》这样的军事著作问世。

《中略》有云："诸侯二师，方伯三师，天子六师，世乱则叛逆生，王泽竭，则盟誓相诛伐。"所以，《三略》不是西汉的作品，也不是战国早期的作品，而是战国中后期之际精通政治军事权谋并杂有各种思想的隐士所作。

诸葛亮及其所著兵书

诸葛亮（181—234 年），字孔明，号卧龙，琅琊阳都（今山东省沂南县南）人，蜀国汉朝丞相，中国三国时期杰出的政治家、军事家和战略家。受刘备三顾之礼，提出著名的《隆中对》，策动孙权、刘备联盟，于赤壁之战中大破曹操，奠定三国鼎立的基础。蜀汉建立，拜为丞相。刘备伐吴失败，受

诸葛亮雕塑

遗诏托孤，安居平五路，七纵平蛮，六出祁山，最后一次北伐时采取分兵屯田之策，与司马懿大军相持百余日，但不幸因积劳成疾而逝世，享年54岁，谥曰忠武侯。其"鞠躬尽瘁，死而后已"的高尚品格，千百年来一直为人们所敬仰和怀念，也被誉为"千古良相"的典范。

诸葛亮于汉灵帝光和四年（181年）出生于琅琊郡阳都县（今山东沂南县）的一个官吏之家。诸葛氏是琅琊的望族，先祖诸葛丰曾在西汉元帝时做过司隶校尉（卫戍京师的长官）。诸葛亮父亲诸葛珪，字君贡，东汉末年做过泰山郡丞。诸葛亮3岁母亲张氏病逝，8岁丧父，与弟弟诸葛均一起跟随由袁术任命为豫章太守的叔父诸葛玄到豫章赴任。东汉朝廷派朱皓取代了诸葛玄职务，诸葛玄就去投奔老朋友荆州牧刘表。

建安二年（197年），诸葛玄病逝。诸葛亮和弟妹失去了生活依靠，便移居南阳，19岁的诸葛亮与友人徐庶等从师于水镜先生司马徽。他看到刘表昏庸无能，不是命世之主，于是结庐襄阳城西20里的隆中山中，隐居待时。诸葛亮在隆中隐居了10年，他广交江南名士，"每自比于管仲、乐毅"，爱唱《梁父吟》，结交庞德公、庞统、司马徽、黄承彦、石广元、崔州平、徐庶等名士。其智谋为大家所公认，有匡天下之志。他密切注意时局的发展，所以对天下形势了如指掌，人称"卧龙"。娶黄承彦之女黄月英为妻。建安十二年（207年），诸葛亮27岁时，刘备三顾茅庐，会见诸葛亮，问以统一天下大计，诸葛亮精辟地分析了当时的形势，提出了首先夺取荆、益作为根据地，对内改革政治，对外联合孙权，南抚夷越，西和诸戎，等待时机，两路出兵北伐，从而统一全国的战略思想，这次谈话即是著名的《隆中对》。刘备听了诸葛亮这一番精辟透彻的分析，思想豁然开朗。他觉得诸葛亮人才难得，于是恳切地请诸葛亮出山，帮助他完成兴复汉室的大业。诸葛亮遂出山辅佐刘备，联孙抗曹，赤壁之战大败曹军。形成三国鼎足之势，夺占荆州。建安十六年，攻取益州。继又击败曹军，夺得汉中。二十六年，刘备在成都建立蜀汉政权，诸葛亮被任命为丞相，主持朝政。

章武三年（223 年）春，刘备在永安病危，召诸葛亮嘱托后事说："君才十倍于曹丕，必能安国，终定大事。若嗣子可辅助，便给以辅助；若其不才，您可取而代之。"诸葛亮忙哭道："臣必竭心尽力相辅，效忠贞之节，死而后已！"

蜀汉后主刘禅继位，诸葛亮被封为武乡侯，领益州牧。建立丞相府以处理日常事务。当时，全国的军、政、财，事无大小，皆由诸葛亮决定，赏罚严明。对外与东吴联盟，对内改善和西南各族的关系，实行屯田，加强战备。建兴五年（227 年），上疏《出师表》于刘禅，率军出驻汉中，前后 6 次北伐

诸葛亮故居

中原，多以粮尽无功。十二年，终因积劳成疾，病逝于五丈原军中，将后事托付姜维。

诸葛亮是一个维护封建纲常和崇尚儒家忠义道德的正统思想家，但是并不墨守儒家教条。他尊王而不攘夷，进兵南中，和抚夷越，在三国时期执行了最好的民族政策。诸葛亮以"鞠躬尽瘁，死而后已"的精神成为后世的楷模。

中国千百年来将诸葛亮描绘成为智慧的化身，其传奇性故事为世人传诵。诸葛亮娴熟韬略，多谋善断，长于巧思。曾革新"连弩"，可连续发射10箭；制作"木马流牛"，便于山地军事运输；还推演兵法，作"八阵图"。

《诸葛亮兵法》是集《将苑》、《便宜十六策》于一册的兵法专著。我国古代军事史上第一部专论为将之道的书，是一本古代的将才学。它一事一议，论证全面、具体、言简意赅，比较全面系统地阐述了将领所应具备的各种品质、修养、能力和素质，以及应该防止的弊端和应该杜绝的恶习，堪称古代为将之道的集大成。

诸葛亮的《将苑》非常系统地论证了将领在军队中的地位、作用、品格和领兵作战时应该注意的问题，全面性地讨论、研究将领。就内容的广度和深度而言，《将苑》堪称是一本"将领圣经"。

《便宜十六策》则是诸葛亮所作的唯一一部治国治军的综合性著作，是当时指导君主治国、将帅作战的思想和行动指南，是中国版的《君王论》。它比意大利政治家马基雅维利的《君王论》早1200多年，是建立在孔孟仁义道德基础上的治国治军指南。诸葛亮一生大部分时间是在戎马倥偬的军旅中度过，亲自参加和指挥许多大小战役，长期的战争实践和他对前人的军事理论的研究，本书除了总结治国治军理论，可以说通过读这本书可以更好地帮助我们去理解《武经七书》中的一些难懂的道理，也可以让我们更加精准地去感悟中国独有的军事辩证法！

《便宜十六策》是诸葛亮兵法的精髓，历来被兵家秘而不宣，藏不示人，奉为独门秘籍和兵书至宝。诸葛亮的兵书博采前世兵法之长，纵论用兵之术，畅谈统帅之道，是我国古代兵书中的奇葩，与《孙子兵法》交相辉映，堪称武学双璧。

由此可见，诸葛亮兵法是集《将苑》、《便宜十六策》等精粹于一书的统兵与作战大全，其中凝结了诸葛亮的领导艺术和识别、选拔、任用将领的智慧，该书受到历代军事家的重视和推崇，被认为是统军带兵的必读之书。

三十六计的最早出处

"三十六计"一语，先于著书之年，语源可考自南朝宋将檀道济（？ － 436 年），据《南齐书·王敬则传》："檀公三十六策，走为上计，汝父子唯应走耳。"意为败局已定，无可挽回，唯有退却，方是上策。此语后人争相沿用，宋代惠洪《冷斋夜话》："三十六计，走为上计。"

檀道济，南朝宋将领，祖籍高平金乡（今属山东），出生于京口（今江苏镇江）。自幼父母双亡，与兄姊流寓京口。晋安帝隆安末年，随刘裕镇压孙恩、平定桓玄之乱，以军功先后封吴兴县五等侯、作唐县男。

晋义熙十二年（416 年），刘裕北伐后秦，檀道济为冠军将军，与王镇恶同为先锋，引军沿淮水、泗水向许昌、洛阳进发。檀军先抵项城，后秦守将姚掌不战而降，但在进攻新蔡（今属河南）时，遭到了后秦大将董遵的顽强抵抗。檀道济督军猛攻，破其城，杀董遵，继而攻克许昌，擒获后秦颍川太守姚垣及大将杨业。利用军威大振之机，檀道济乘胜前进，拔阳城，克荥阳，直抵成皋（今河南荥阳）。秦征南将军姚洸屯戍洛阳，急向关中乞求援兵。姚泓派将姚益男领 1 万人马星夜赶赴往救。可援军尚未到达，檀道济已攻下成皋，并会同其他部队，四面环攻洛阳。姚洸孤军难守，只得开城门率 4 千兵卒出降。

对这些俘虏，晋将纷纷主张杀掉，以壮军威，檀道济却不同意。他说："王师北征是为了吊民伐罪，怎好枉杀？"他下令尽数释放俘虏，让他们回归乡里，并申明晋军入城后，应严明纪律，不得扰民。

次年三月，刘裕让毛修之留镇洛阳，令檀道济率师继续西进。王镇恶克渑池，抵潼关。檀道济和沈林子渡河北击，进攻蒲（今山西永济），想以此绕过潼关，进入关中。但后秦守军战斗力甚强，城坚难下。檀道济不得不回军河南。会同王镇恶合攻潼关。后秦太宰姚绍率军 5 万援救，开关出战。晋军奋击，杀伤秦军千余人。秦军受挫后退驻定城（今陕西华阴东），据险固守。相拒数月，姚绍病死军中。秦军失去主将，无心战守。八月，王镇恶率舟师由黄河入渭水，至渭桥登岸，破后秦军。姚泓出城投降，后秦灭亡。

刘裕东归后，任檀道济为征虏将军、琅琊内史。后刘裕建宋，檀道济以佐命之功，改广陵（今江苏扬州），监淮南诸军。

武帝死，少帝即位，檀道济与徐羡之、傅亮、谢晦四人同为顾命大臣。北魏以宋值新丧，大举南进，共出数路，攻略宋地，司州全部及青州、兖州、豫州大部分地区很快被魏军夺占。檀道济闻警，率军救援。军至彭城，司、青二州并告危急，檀道济领兵不多，不足分赴，而青州道近，守军薄弱，便统兵兼程往救。魏军见宋援军将至，撤去青州治所东阳（今山东费县西南）之围。檀道济兵至东阳，军粮耗尽，只得停止追击，又见东阳城已残敝不堪，移青州治所于不其城（今山东即墨西南），尔后回军湘陆（今山东鱼台东南），阻止了魏军南进的势头。

次年，因少帝游戏无度，荒怠朝政，徐羡之等密谋废立，召回檀道济共谋其事。当晚，檀道济与谢晦同宿领军府。谢晦心怀恐惧，辗转难寐，而檀道济触床即鼾声如雷。为此，谢晦深深佩服檀道济的镇静和胆量。次日，几位顾命大臣入殿矫诏太后令，废少帝，迎刘义隆入承大统。

文帝继位之初，朝中大权仍掌握在徐羡之、傅亮等人的手中。元嘉三年（426 年），文帝下令追查弑立之事，徐羡之畏罪自缢，傅亮被缚诛杀。当时，谢晦已出镇荆州，闻徐、傅已死，知道文帝秋后算账，便拥三万精兵抗拒朝命。文帝从广陵召回檀道济，对他说："废立之事，你未参与谋划，我不加追究。现在谢晦据荆州之地，抗表犯上，威胁建康，不知你有何良策？"檀道济说："谢晦老练干达，富有谋略，我过去与他同从武帝北征，入关十策，有九策出于谢晦胸中。但他未曾率军决胜于疆场，戎事非其所长。若陛下信任，可让我衔命征讨，可一战擒之。"文帝大喜，遂亲统大军数万，以檀道济为先锋，溯江西上，击溃谢晦。因此平乱之功，檀道济进号征南大将军，任江州刺史。

元嘉七年（430 年），为解除北魏对宋的威胁，文帝命檀道济统军北伐。宋军前部到彦之进军河南，收复洛阳、虎牢等地。但很快，北魏太武帝亲自率军反击，击溃了到彦之等部，刘宋前线部队一片混乱，很多地方纷纷失守，退驻滑台。

翌年一月，檀道济率师往救滑台。军至寿张（今山东东平西南），遇魏安平公乙旃眷。檀道济领军奋勇前行，大破魏军，并乘胜北进，前后 20 余日，连战 30 余次，宋军多捷，进抵历城（今山东济南）。魏将叔孙建一面督军正面迎击，一面纵轻骑绕出其后，焚烧粮草。檀道济的将士虽然英勇善战，但是不料被釜底抽薪，断了军粮，就没法维持下去，准备从历城退兵。宋军中有一些兵士逃到魏营投降。把宋军缺粮的情况告诉了北魏的将领。北魏就派出大军追赶檀道济，想把宋军围困起来。宋军将士看到大批魏军围上来，都有点害怕，有的兵士偷偷逃跑了。檀道济却不慌不忙地命令将士就地扎营休息。

当天晚上，宋军军营里灯火通明，檀道济亲自带领一批管粮的兵士在一个营寨里查点粮食。一些兵士手里拿着竹筹唱着计数，另一些兵士用斗子在量米。其实檀道济在营里量的并不是白米，而是一斗斗的沙土，只是在沙土上覆盖着少量白米罢了。有人偷偷地向营里望了一下，只见一只只米袋里面都是雪白的大米。这个消息马上被魏兵的探子听到了，赶快去告诉魏将。说檀道济营里军粮还绰绰有余，要想跟檀道济决战，准是又打败仗。魏将得到情报，以为前面来告密的宋兵是假投降，来诱骗他们上当的，就把投降的宋兵杀了。

到了天色发白，檀道济命令将士戴盔披甲，自己穿着便服，乘着一辆马车，大模大样地沿着大路向南转移。魏将安颉等人被檀道济打败过多次，本来对宋军有点害怕，再看到宋军从容不迫地撤退，捉摸不定他们在哪儿埋伏了多少人马，不敢追赶。檀道济靠他的镇静和智谋，保全了宋军，使宋军安全地回师。以后，北魏也没敢轻易进攻宋朝。此次北伐，檀道济虽然没有克定河南，但在四面遇敌、军粮已断的危急情况下，镇定自若，全军而返，实属不易。自此之后，魏人惮惧檀道济的威名，不再轻易南犯。文帝嘉其智勇，进位司空，镇守浔阳。

檀道济立功数朝，威名日重，左右心腹都是百战之将，他的几个儿子又多具才气，引起了朝廷的猜忌。当时，文帝久病不愈，执掌朝政的彭城王刘义康及领军将军刘湛担心文帝晏驾后，难以钳制檀道济，便向文帝屡进谗言，劝其尽早除掉檀道济，以绝后患。

檀道济被枉杀，国人痛心。消息传到平城（今山西大同），北魏诸将弹冠相庆："檀道济一死，吴人无可畏惧也！"

元嘉二十七年，文帝再令众将北伐。东线屡遭困挫，致使魏人南抵瓜步，欲饮马长江。面对一江之隔的劲敌，宋文帝长叹一声："檀道济若在，岂使胡马至此！"可此时檀道济已屈死14年了。

知识链接

《孟德新书》

据《三国志·魏书·武帝纪》注中引用的《魏书》的记载，曹操在长期率军征战的过程中，"其行军用师，大较依孙、吴之法，而因事设奇，谲敌制胜，变化如神。自作兵书十余万言，诸将征伐，皆以《新书》从事"。可见当时曹操在总结历年用兵胜负的经验之后，写成的《新书》对指导战争提高将领军事素质起过很大作用。关于曹操的《新书》，还流传有一则蜀人张松过目成诵的故事。当刘璋派张松出使到曹操那里时，没有受到尊敬，只有杨修器重他，将曹操所著兵书拿给他看，张松只看了一遍便可背诵。后来在《三国演义》小说中，将这段故事情节加以铺衍，写得有声有色，最后气得曹操连书都烧掉了。如果这一故事属实，表明曹操《新书》撰写成书的时间当在建安十七年（212年）张松被杀以前。除了《新书》以外，据《武帝纪》注引孙盛的《异国杂语》一书记载，曹操还曾"博览群书，特好兵法，钞集诸家兵法，名曰《接要》，传于世"。这又是曹操的一部关于兵法的著作——《兵书接要》。

第三章

隋唐至明清时期的兵书与作者

随着生产力的不断发展,兵器的更新换代逐渐加快。火药与火器的先后问世,标志着冷兵器的衰落。与此相对应,兵家的研究方向也发生了转变,所著的兵书内容加入了新鲜血液,开始增加兵器装备的篇幅。

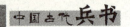

第一节
唐宋时期的兵书与兵家

功成名就的李靖

　　《李卫公问对》是唐太宗李世民与他的大将李靖之间的一段有关用兵心得的对话。关于二人的事迹，史料中均有记载。作为"天可汗"的唐太宗李世民，及其创造的贞观盛世，人们早已耳熟能详。所以，本文不再赘述，只谈谈《李卫公问对》的第二个"作者"——李靖。

李靖故居

李靖（571－649），字药师，京兆三原（今陕西三原县）人。据史载，李靖"姿貌魁秀，通书史"，但厌倦经史，每读经书，常感叹："丈夫遭遇，要当以功名取富贵，何至作章句儒？"因李靖有口吃的毛病，所以不善言词，但所思尤其是军事学造诣，连当朝将佐都为之吃惊。李靖的舅舅是隋朝名将韩擒虎，每次见到李靖时，都与之论兵。可李靖对其舅在军事学上的造诣颇有微词，多年后在与太宗皇帝论兵时说："擒虎安知奇正之极？"然而，韩擒虎对自己外甥的评价却极高，说当朝能与他谈兵法的"非斯人而谁哉"？还把他引见给当时的吏部尚书牛弘。牛弘一见李靖，就以十分肯定的语气评价道："王佐才也。"韩擒虎又把李靖引见给当朝宰相杨素，杨素见李靖后拍着自己坐的宰相椅子说"卿终当坐此"，意思是你最终要出将入相的。但李靖在隋王朝时期并没有多大的成就。

　　李靖是中国军事史上只有韩信、白起、吴起等少数将领可以与之比肩的军事天才。他一生出将入相，位至三公，率百万之军，战必胜，攻必取，其军事学的造诣可谓炉火纯青。因此，历史上有关李靖的传说很多，最令后世倾倒的是有关李靖传奇的爱情故事。唐代传奇《虬髯公传》、《红拂女》为此演绎了一段英雄美女私奔的千古佳话，可现实生活中李靖的感情经历却平淡得多。

　　据《新唐书·李靖传》记载，隋炀帝时期，李靖在仕途上的起色并不大，一直到大业末年，他还只是一个小小的马邑丞（山西朔县）的小官，专负责治安事务，而且在政治上还是个顽固的保皇党。隋炀帝大业十二年（616年），中原大地上的农民起义已经风起云涌了，瓦岗反了李密，河北反了窦建德，河陇反了薛举，江都反了杜伏威，岭南反了萧铣，洛阳反了王世充。到大业十三年（617年），连山西留守李渊这样的贵族也开始蠢蠢欲动，扯旗造反了。

　　李靖发现李渊与他的几个儿子行为有异，就想向远在扬州的隋炀帝报告，于是把自己囚禁起来，命人械送长安，打算然后再去扬州。到长安时，炀帝遇害的消息传来，李靖只好作罢，并滞留在长安。李渊取长安后，就把李靖抓起来，缚绑刑场处斩。临斩时，李靖大呼："公起兵为天下除暴乱，欲就大事，岂以私怨杀谊士乎？"监斩官急忙向李世民报告，李世民觉得此人绝非寻常之辈，命刀下留人，并向其父请求赦免，并引为朝廷的三卫。李世民讨王世充，李靖随之，因功授开府之官，从此，李靖作为一名将领，受节制于李世民麾下，战无不胜，攻无不克。从现存于史料中的几次战役来看，李靖的用兵艺术真可谓炉火纯青，出神入化。

武德三年（620年），李靖以八百之众，"险要设伏"，斩开州蛮冉肇则，并俘五千。消息传到长安，李渊手敕慰劳，并拜李靖为行军总管，兼孝恭行军长史，"军政一委焉"，对李靖委以重任。从武德四年（621年）秋至武德五年三月，李靖只用半年的时间就平定了江南广大地区，而且每仗的军事谋略手段皆不同。李渊闻讯大喜，下诏慰劳，授李靖为岭南抚慰大使兼桂林总管。

贞观元年（627年），北方突厥因李世民刚即位，国势不稳，就以兵8万犯太原。李世民命李靖出征，并问需要多少军队，李靖说3千足矣，李世民听后，大疑之。李靖受命后，率3千精锐骑兵，撇开沿途斥候和少数敌人不顾，昼夜兼程，直扑突厥首脑颉利可汗的大帐，采取打蛇先打头的战法，使突厥全军瘫痪。见唐军至，颉利可汗大惊，以为神兵天降，说："唐不发倾国之兵，李靖决不敢孤军至此。"随后，他只带少数亲兵逃走，同时遣使向唐朝谢罪，愿意内附。李世民闻讯，拜李靖为定襄道总管前去受降，同时派遣鸿胪卿唐俭去突厥安抚颉利可汗。因为突厥是不知道唐军虚实才投降的，主力并未受损，一旦知道实情，定必反悔，于唐军十分不利。李靖认为诏使到了突厥后，突厥一定松懈，以为不会打仗了，这时如向突厥发起进攻，必可彻底打败之，就对他的副将张公瑾说："诏使到后，虏必自安，若以万骑赍二十日粮，自白道袭之，必得所欲。"张公瑾说："现唐俭在突厥，必死无疑，你这是韩信破齐之策，以郦食其为代价。"李靖道："千载难逢之战机，岂可因一人而失去，唐俭何人？"就下令向突厥进攻，经此突袭，突厥大部惊溃，唐军斩首万余，俘获10万，颉利可汗也被生擒。从此，自阴山至大漠的广大地区一起归属了唐王朝，李靖也因功拜为代国公（贞观八年改为卫国公），兼中书门下平章事（宰相）。因身体不好，不久即罢相，以大将军领卫国公之职闲居在家。

贞观八年（634年），西北少数民族吐谷浑入侵凉州（今甘肃武威县），因地远天寒，吐谷浑料唐王朝不敢出兵。李世民认为吐谷浑猖獗，不实施彻底打击，西北边疆就不会安宁，可地远又兼天气恶劣的条件也使李世民惮畏。这时他想到了李靖，谓近侍曰："靖能复起为帅乎？"李靖得知后，就来到宰相房玄龄家里主动请缨，说："我尽管老了，还可为国家再效一次劳。"李世民知道后，就命李靖为西海道行军大总管，统率五总管的军队出征吐谷浑。西北隆冬，天寒地冻。吐谷浑首领得知唐军是李靖挂帅，说"代国公挂帅，吾等避之"，自知非其对手，就烧尽粮草，往腹地退去。唐军诸将见气候太恶劣，想待来春再战，可李靖反对，认为天公是公正的，我们艰难，敌人也不轻松，现吐谷浑向腹地退去，认为我军为天公所阻，必不敢进兵，此正是歼敌的大好时机。于是李靖率唐军轻装简从，向吐谷浑腹地（今青海西宁一带）疾驰。吐谷浑首领不料李靖竟敢顶风冒雪而来，大惊，急忙列阵迎战，唐军深入死地，无不以一当十，吐谷浑大败，激战数十场，直驱两千多里，杀敌众多。吐谷浑国王伏允可汗见兵尽势穷，走投无路，只好在树下自缢身死，余众皆降。吐谷浑举国内附，陇右平定。

可以这样说，唐王的大部分疆土都是李靖打下来的：武德四年至武德五年平定荆楚及五岭、广西之地；武德六年平定江淮的辅公祏；贞观元年平定西北的突厥，贞观八年平定陇右至西域的西北大漠。为酬李靖之功，"诏坟制如卫、霍故事，筑阙象铁山、积石山、以旌其功，进开府仪同三司"，并入凌烟阁28个功臣肖像列。贞观十八年（644年），李世民准备征高丽，在决策时，李世民征求李靖的意见，是否还有再次挂帅之意。李靖说："任凭天威，得效尺寸功，今疾虽衰，陛下诚不弃，病且瘳矣。"意思是，虽然我老了，皇帝如起用，还是有所作为的。但最终李世民没有让李靖挂帅，否则李世民也不会无功而返。李靖用兵有一个最大的特点：一切从实际出发，一切以时间、条件为转移，不同的战役有不同的打法，同一次战役亦有不同的谋略，环环相扣，谋中有谋，计中有计。应该说，这样的用兵指挥艺术的确代表了中国古代军事学的最高成就，其军事理论也更具实战色彩。据传他还著有别的军事著作，如《六军镜》3卷、《玉帐经》1卷、《韬钤秘术》1卷、《韬钤总要》3卷、《卫国公手记》1卷等军事书籍，可惜这些书籍都已失传了。

《李卫公问对》 中所记录的古代阵法

在《问对》中，有一个为现代兵家爱好者所忽略的内容，那就是对古代战阵的记述。《问对》所述的阵法有八阵图、太公阵、偏伍之阵、六花阵、秦王破阵、五行阵、鱼丽之阵、四兽之阵。因作战形式及手段之改变，古人之阵法已多不为今人所知。根据《问对》的论述，还是可以对这些阵法观其大概。

八阵图，相传为诸葛亮所创，《三国演义》中说诸葛亮以石头八阵图困住东吴大将陆逊，给它蒙上了神秘色彩。其实根据李靖与李世民的理解，八阵图实际上是一个很普通的阵法，"阵数有九，中心零者，大将握之，四面八向"，"四头八尾，触处为首，敌冲其中，两头皆救"。它是古时战场上以步兵、车骑所组成的防御与进攻合一的作战队形，分八个方位，形成相互联系的战斗队伍，一处接敌，余处皆救。这种阵法的指挥中心在阵的中央，即中心零者，大将握之，主将立于中央之高台上，观察四方，发现敌人进攻，就以令旗指挥阵形不断地改变，使敌人不知攻防之所在，从而陷入被动。李靖认为八阵之图数于五，终于八，是否受《周易》之"天数五，地数五，五五相得五十有五"之语的启发，还有待后世研究者探索。然而，八阵图之产生和中国古代的思想哲学和社会经济的发展有一定的关系则是无疑的，它并不神秘。

太公阵，相传为姜尚所创，但这是不可信的，可能是后世军事家借太公之名以传世。太公阵是一种步兵与战车结合的作战方阵，具体的做法是在1200步的空地上分为5个方位，每阵6千人，共3万之众，每个方位占地20步，每隔5步立一人，纵5步立一人。在整个阵形的前后有战骑、临骑和游骑，作战时，战骑在前，临骑居中，游骑居后；每骑队八马，每车24人。实际上，这是一种以战车为主、步兵为辅的作战方式。首先以战车冲击，临骑紧跟其后，再以步兵巩固战果，以游骑扫荡残敌。因为这种战法是一种战车在前、步兵居中的战法，其整体战斗力很强，而且部队不易溃散，整个方阵形成坚固的作战平台。在冷兵器时代，这种阵法不失为保存自己、消灭敌人的有效手段。

偏伍之阵，偏，指偏箱，是一种以战车为主的防御工具。伍，指以五人为单位的战斗小组。这是春秋时的普通阵法。作战时，以偏箱居两旁，起防御和保护的作用，而步兵居中。用李靖的话来说是"谓之左右拒"，即抵挡两旁的敌人进攻。这并不是出奇制胜、扩大战果的有力手段，而且受地形的限制很大，不易发挥步兵的战斗力。所以，《左传·昭公元年》（前541年），晋国将领荀吴和魏舒在太原伐狄时，有感于偏箱不便发挥军队战斗力，就"毁车以为行"，"为五阵以相离，两于前，伍于后，专为右角，参为左角，偏为前拒，以诱之"，即将偏箱与步兵合一的阵势变为"舍车为行"的以步兵为主的作战方式，车即偏箱只为前拒，当做诱敌的手段。从此，在中国古代战争

防御工具——偏箱车

中，步与车彻底分离了，步兵与车骑各自成为独立的兵种。这在中国军事史上是值得认真研究的。

　　六花阵，此阵乃李靖所创。据李靖自己所言，此阵是"本诸葛亮八阵法也"，也许是因为八阵图的四面八方过于雍塞，不便在具体战场上灵活运用，李靖才创造了六花阵。六花之名的由来，主要是因为此阵是"外画之方，内环之图"，即外方四面，内环两圈，像六朵花一样，其特点是"大阵包小阵，大营包小营，隔落钩连，曲折相对"，空间面积缩小，阵内各部分更紧密相连，错综复杂，形成更为稳固的防御与进攻合一的体系，具有很强的战斗力。"八阵为六，武侯之旧法"，说明六花阵是从八阵图演变发展而来。之所以要内环两圈，用李靖自己的话说是"圆所以缀其旋"，便于灵活机动，随时增援其他方面；之所以要"外画之方"，是为了"以步数定于地"，形成稳固的战斗力，只有这样才能"步定缀齐，则变化不乱"。李靖主要是通过阵内步兵队形的变化来操控六花阵，而队形的变化主要是听角声而动，"角一声，诸队皆

71

散"，"至第四角声，笼枪跪坐"，"于是鼓之。三呼三击"，"以创敌之变"，而且每次"呼"、"击"前后不过30～50步，达到前正后奇或前奇后正的作战效果。如果敌从后而来，则前奇后正；如敌从前而来，则前正后奇。总之，只有一个目的，就是"复邀敌来，伺隙捣虚"，先为不可胜，以待敌之可胜，利用阵法战胜敌人。

秦王破阵图。这本是初唐李世民做了皇帝以后，为了炫耀自己的文治武功而编制的一个大型舞蹈。在外行人看来这是一个舞蹈，可在李靖看来，这与其说是歌舞不如说是李世民创造的一种阵法。原因是这套舞"前出四表，后缀八幡，左右折旋，趋乐金鼓，各有其节"，即这套乐舞前面有四根旗一类的标志，后面有八面幡，幡旗舞动以指挥中间的人"左右折旋，趋乐金鼓，各有其节"。这完全是对八阵图四头八尾的复制，以乐舞的形式表现出来，应是李世民的一种创造。所以，得知李靖看出破阵乐舞里包含着战阵之后，李世民也只好承认"朕为破阵乐舞，唯卿以晓其表，后世其知我不苟作也"。关于秦王破阵图，现已无法知其全貌，但通过《问对》亦可知其一鳞半爪。有三队、五队和十队之别，各持旗帜，随着号角声的指挥，三队变一队，五队变两队，十队变五队；然后五队人马变而为一，又散而为十，忽而变而为二，散而为五，变而为一，散而为三，三散三合，复当于正，四头八尾，各有其节，显示出整齐划一、指挥有序、进退有节、训练有素。

五行之阵，此阵是李靖教练士卒的阵法。所谓"五行"，即五种颜色，各代表阵中"方圆曲直锐"的队形特点。之所以此阵有"方圆曲直锐"的各种队形，主要是为了适应实战时地形环境的需要。阵法的具体内容及如何操练，现已不得而知。可李靖认为之所以叫"五行"阵，"诡道"也，增加了神秘色彩，谓其用了五行相生相克的道理。此道理其实亦很简单，即"因地制宜"，胜敌而已。

鱼丽之阵，《左传·桓公五年》（前707年）记载："曼伯为右拒，祭仲足为左拒，原繁、高渠弥以中军奉公，为鱼丽之阵，先偏后伍，伍承弥缝。"这是中国古代文献中记载最早的阵法，意即阵法中兵力的分布如鱼鳞一样排列，所以叫鱼丽之阵。实际上这是春秋时期普遍实行的步兵与战车合一的战阵，分为左、右两个方向，以偏箱作为掩护，步兵居中，起"伍承弥逢"的作用，即在战车后面打击疏漏了的敌人。这种阵法一直到《左传·昭公元年》（前541年）晋国将领荀吴伐狄，才改为步兵与战车分离的阵法。

四兽之阵，这是一个古阵法的名字，以龙虎犬豹之名命之，以商羽徵角四音之名象之，又加以天地风云之号，很神秘，此阵已失传。李靖认为这是古代兵家使贪使愚之术，徒为增加神秘感而已，不足为信。

李靖、李世民所论述的阵图到底有没有价值呢？也就是说，阵图在近现代战争中还有没有实际意义呢？回答是肯定的。因为军队是由一个个活生生的武装个体组成的，只有令行禁止，执法如山，才能保证个体的力量汇集成一个整体，形成整体的合力，军队就是靠这种合力去战胜敌人的。同时，敌我双方的武装行为都是在一定的空间与时间内进行的有规律的运动，这也要求作为武装集团的军队的整体行动必须要有规则，有章法，进退有序，左右逢源，相互照应，勇者不能独进，怯者不能独退。只有这样，军队的整体战斗力才能充分显现。同时，为了抵御对方的整体进攻，战斗的另一方面也必须根据不同的地点、时间与对手的实际情况，作出相应的部署与调整，使军队的整体威力能发挥出来，这样，阵法就产生了。所以，阵图的产生不是个人主观臆想的产物，而是战争实践的必然结果，是人类的战争行为发展到一定阶段的产物，因而是有价值的。

可以这样认为，只要人类社会还存在战争这种形式，那么在战争中讲究兵力与火力配置的规则与要求也就存在，而按这种规则与要求所显示出来的各种阵法也就会存在。

道士著兵书

李筌是唐代后期著名兵学家、号少室山达观子，里籍不详，生卒年不见记载，约为玄宗至代宗时人。《直斋书录题解》称李筌所撰《阃外春秋》于"天宝二年上"。又据法国巴黎图书馆藏敦煌本《阃外春秋》残卷进书表末署："天宝二年六月十三日少室山布衣臣李筌上表"，两者所记年代相符，据此可知李筌在天宝二年（743 年）尚为布衣，在今河南嵩山之少石山隐居。又据《四库全书总目提要》记载：《集仙传》称李筌"仕至荆南节度使、仙州刺史，著《太白阴经》。又《神仙感遇传》曰：'筌有将略，作《太白阴符》（似为"经"字之误）10 卷，入山访道，不知所终。'"又据《新唐书·艺文志》和《宋史·艺文志》等书目记载，李筌还著有《孙子注二卷》《青囊括一卷》《阃外春秋十卷》《通幽鬼诀二卷》《军旅指归三卷》《彭门玉帐三卷》等兵书。从这些记载中可知，李筌是精通文墨、任过军政要职、有政治和军事经验、著有多种兵书的官员，老年入嵩山隐居、不知所终。

在李筌所著的兵书中，以《太白阴经》的学术价值为最。古人有太白主宰军戎杀伐之说，故书有其名。此书在《新唐书·艺文志》已有著录。今存有明汲古阁抄本、《四库全书》本、《墨海金壶》本、《守山阁丛书》本、《长恩书室丛书》本等各种刊本。全书分为"人谋、杂仪、战具、预备、阵图、祭文、捷书、药方、遁甲、杂式等10卷100篇。该书博采道、儒、兵家军事理论之长，又具有某些独到的见解。前文已经提到，《太白阴经》的最大特点是在编纂体例上有所创新，它已经把对战争和军事侧重于理论的综合研究，分解为诸多专题进行分门别类的研究，为军事百科性兵书和专题兵书的著述，开辟了创新的途径。诸如善师、贵和、庙胜、沉谋、子卒、选士、励士、刑赏、地势、兵形、作战、攻守、行人、鉴才等。这些问题都是以在战争中先后出现的次序，逐一展开的，它们前后相衔相续，如剥笋壳，由表及里，直至腹心，具有严密的逻辑顺序，并以大量的历史事例，作为论述的佐证和所得结论的根据，出语如行云流水，排炮连射，极为精彩。

《神机制敌太白阴经》论述了诸多与战争胜败相关的问题。

《太白阴经·善师篇》曰："善师者不战，善战者不败，善败者不亡。"意思是说，善于用兵者能做到不战而胜，善于作战者能做到战而不败，善于应付败局者能做到败而不亡。从前黄帝独居于中央而胜四帝，可谓"善师者不阵"；商汤和周武王摆列战阵举众誓师而放逐夏桀、擒杀殷纣，可谓"善阵者不战"；齐桓公贡服周室而北伐犬戎，可谓"善战者不败"；楚昭王被吴王阖闾攻灭后，请求秦国出兵而复国，可谓"善败者不亡"。

《太白阴经·贵和篇》曰："先王之道，以和为贵；贵和，重人，不尚战也……叛而必讨，服而必柔，既怀既柔，可以示德。"意思是说，从前先王以和为贵，不崇尚战争……只对叛逆者实施讨伐，对顺服者实施怀柔，显示以德服人的胸怀。

《太白阴经·选士篇》指出，善于统兵作战的将领，必须善于选拔有各种技能的人参加军队。诸如有"深沉谋虑"的"智能之士"，有能纵横捭阖的"辩说之士"，有能离间敌国君臣和窥知敌国内情的"间谍之士"，有熟悉地形和道路的"乡导之士"，有善造兵器的"技巧之士"，有健强体魄善于使用各种兵器和特殊技能的"猛毅之士"，有善于骑奔马而逾越城堡的"矫捷之

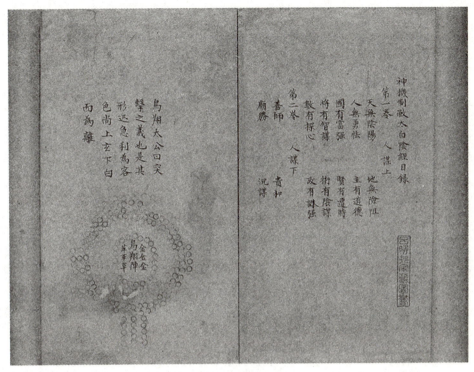

《太白阴经》书籍

士"，有行走快疾的"疾足之士"，有力负重物的"巨力之士"，有懂得阴阳诡谲的"技术之士"。能有多才多艺的人参加军队，就能取得战争的胜利。

《太白阴经·励士篇》写到，善于统兵作战的将领，必须善于采取"激人之心，励士之气"的各种举措，这样就能取得"发号施令使人乐闻，兴师动众使人乐战，交兵接刃使人乐死"的效果。

《太白阴经·刑赏篇》强调善于统兵作战的将领要注重刑赏。做到"赏一功而千万人悦，刑一罪而千万人慎"，奖赏不能循私情而赏及无功之人，刑罚不可因私怨而刑加无罪之人，这是军队和国家的大法，掌握生杀大权的威柄，不可差之毫厘。

此外，《太白阴经》还在"地势篇"中，要求善于统兵作战的将领要善于利用地势。在"兵形篇"中要求善于示形，要像烧制陶器工匠那样把陶土捏成方形圆形等多种形状，要像冶金师那样把金属熔液铸成大钟大鼎等多种器皿，这样就能"因敌而制胜"。在"作战篇"中要求捕捉有利的战机，捕捉战机要"间不容息，先之则太过，后之则不及"，其疾速如"疾雷不及掩耳，卒电不及瞑目，赴之若惊，用之若狂"，这些都是捕捉有利战机而制胜的关键。在"攻守篇"中要求能攻善守，进攻时先要断绝守敌的外援，待敌人"力屈、粮殚、城坏"时，一举而攻之；防御时动员勇壮老弱并力防守，就能击退敌人的进攻。在"鉴才篇"中要求在选募人才时，要按"仁、义、忠、信、智、勇、贪、愚"八个标准进行，通过各种细致而全面考察后才能录用。

《太白阴经·杂仪类》中，有授钺、部署、将军、阵将、队将、马将、鉴人、相马、誓众军令等9个篇目，分别对命将出征、赐钺授权、军队编成、统率三军、选拔阵将、选拔队将、选拔马将、鉴选人才、相验马匹、宣誓出征、宣布军令等，作了详尽的论述。

第一部官修兵书

《武经总要》是宋仁宗赵祯朝编纂的、中国第一部由官方主持编修的兵书。当时距宋朝立国已有60多年。宋仁宗为防止武备松懈，将帅"鲜古今之学"，不知古今战史及兵法，所以下令天章阁待制曾公亮、工部侍郎参知政事丁度等，编纂一部内容广泛的军事教科书。曾公亮等以5年的时间编成《武经总要》，仁宗皇帝亲自核定后，又为此书写了序言。

公元960年，原五代后周殿前都检赵匡胤发动著名的"陈桥兵变"，黄袍加身做了北宋的开国皇帝，即宋太祖。赵匡胤靠掌握禁军起家，又以兵变方式夺得政权，因此深知掌握军队的重要。他当了皇帝以后，一方面想方设法陆续解除了一些带兵老部下的军权，另一方面加紧了朝廷对国家主力军禁军的直接控制，抑制和改变了唐以来地方藩镇割据的局面。同时加强了国家对武器制造业的集中管理。北宋王朝在国都汴梁（今河南开封）建立了大规模的兵器生产作坊，即南、北作坊，又建立了弓弩院，专门生产各类刀枪甲具和远射兵器。南、北两作坊设在汴梁的兴国坊，主要制造各种铠甲和刀、枪等兵器以及兵幕、甲袋等装备；弓弩院专门负责远射兵器的生产，制造各种强弓劲弩和各类箭支。在南、北作坊以下，还有更细密的分工，分为五十一"作"，每一作专门负责制造一类产品，如"铁甲作"、"马甲作"等等。两作坊的工匠多达七八千人。太祖赵匡胤亲自督查武器的生产情况，开宝八年（975年），他每隔10天便查核一次各种兵器的质量。最高统治者的高度重视，使得北宋初的军械生产水平有了很大提高，南、北作坊的武器年产量达 3 万多件。正是在军队的高度统一领导和军备生产集中管理的基础上，北宋前期诞生了一部集当时及古代兵器之大成的百科全书式兵书——《武经总要》。

　　《武经总要》分前、后两集，每集 20 卷。其中前集的二十卷详细反映了宋代军事制度，包括选将用兵、教育训练、部队编成、行军宿营、古今阵法、通信侦察、城池攻防、火攻水战、武器装备等，特别是在营阵、兵器、器械部分，每件都配有详细的插图，这些精致的图像使得当时各种兵器装备具体形象地呈现在我们面前，是研究中国古代兵器史的极宝贵资料。后集 20 卷辑录有历代用兵故事，保存了不少古代战例资料，分析品评了历代战役战例和用兵得失。

　　《武经总要》反映了宋仁宗时期宋王朝军事思想上的某些积极变化。本来，北宋初以来为防止地方割据，将帅专权，将将帅的统兵权和作战计划的制定权都收归皇帝直接制辖，但矫枉过正，结果弄得将不知兵，兵不识将，导致仗仗失利，节节败退。而《武经总要》中则重新重视和强调古代《孙子》等兵书中用兵"贵知变""不以冥冥决事"的思想。这在宋代军事史上是难能可贵的，

北宋时期军队使用的兵器

只是北宋后来的统治者并没有遵循和实践这种用兵思想。书中还十分注重人在战争中的作用，主张"兵家用人，贵随其长短用之"，注重军队的训练，认为并没有胆怯的士兵和疲惰的战马，只是因训练不严而使其然。

《武经总要》详尽记述和介绍了北宋时期军队使用的各种冷兵器、火器、战船等器械，并附有兵器和营阵方面的大量图像。特别是第 10 至第 13 卷，如《攻城法》《水攻》《水战》《守城》等攻战篇，不但记录了与这几种战法有关的兵器装备，还有防御工事和战舰的情况。第 13 卷《器图》，集中了当时军队的各种武器装备，每一件都有清晰的插图，仅第 10 至第 13 卷的 4 卷中，就附有各式插图 250 幅以上，图上还以楷书注有详尽的器物名称、使用方法等文字说明，是研究我国古代兵器史极为重要的资料。这里还有两个问题需要特别指明：一是宋代的兵器是承继着汉唐以来的传统，所以《总要》中记录的许多兵器类型，可以清楚地看出它们从汉代以后，经过唐、五代的发展变化，由这部书作了总结后，又影响到北宋以后的兵器类型，可以说《总要》起了承上启下的作用。二是自唐、五代以来，中央王朝的军队吸收了不少北部和西北部少数民族的优秀兵器。《器图》中的"铁链夹棒"，书中明确地注明是从"西戎"处学来的，是北方少数民族骑兵用来攻击宋代步兵的兵器，被北宋部队吸收过来，经过改造，成为更适用的兵器。因此，北宋兵器装备的种类比以前增多了，锐利程度也有所加强。

《武经总要》的刊印流行，对后世产生了深远的影响，主要有下列几个方面：

首先，为古代军事百科全书的编纂树立了典范。《太白阴经》虽然开创了古代军事百科全书编纂的新体例，但是在学科门类的设置等方面仍很粗疏。《武经总要》则加以全面发展，成为后世编纂军事百科全书的典范之作。书中相当一部分的内容，被《武编》《兵录》《登坛必究》《武备志》等军事百科全书所转录吸纳与融汇，而《武备志》则成为古代军事百科全书的巅峰之作。

其次，为兵要地志的研究和著述开了先河。《太白阴经·四夷篇》虽然对蒉内道、黄河北道、河东道、陇右道、河西道、北庭道、安西道、范阳道、平卢道、河南道等 10 道的地理作了简要叙述（"道"是唐贞观元年即公元 625 年设置的一级行政区划名，相当于现代的"省"）。《新唐书》和《旧唐书》的"地理志"所记载的 10 道之名是关内道、河南道、河东道、河北道、山南道、陇右道、淮南道、南道、剑南道和岭南道。开元二十一年（733

年），分天下为 15 道。《太白阴经》所说的 10 道与贞观初年所设 10 道之名不尽相同，也与开元二十一年所设道的数量不同，没有兵要地志的内容。但是在《武经总要边防》5 卷中，兵要地志的内容则充满于字里行间，成为清初顾祖禹所撰《读史方舆纪要》的参考之作。

再次，《武经总要广南东路》记载了宋军水师巡视南海的史实："王师出戍，置巡海水师，营垒在海至屯门山二百里治肋鱼（肋鱼一作纴鱼即带鱼，此处是指一种船形像肋鱼的长形尖底海战船），入海战舰从屯门山用东风西南行七日至九乳螺州，又三日至不劳山。"当代学者经研究证实，九乳螺州即现在西沙群岛。此记载证明，早在宋代，我国水师已将西沙群岛置于自己巡视和守备的海岛之内，为后人对西沙群岛的研究提供了重要的史料。

其四，《武经总要》在论述攻城、守城、火攻、水攻、水战及陆战中所用战车，战船和各种战具时，首次绘制了 150 多幅古朴的图形，为今人研究宋（含宋代）以前的军事技术史，提供了弥足珍贵的史料。

城防精髓：《守城录》

《守城录》是南宋初年刊行的一部关于城邑防御的专著，作者是陈规和汤璹。

陈规，字元则，密州安丘（今属山东）人，北宋熙宁五年（1072 年）生，青少年时喜读兵书，重视研究军事。成年后，兼有文韬武略。靖康元年（1126 年），陈规知安陆（今湖北安陆）令，曾经奉命率兵赴开封勤王，因途中受阻而还。其时，有一部分被战败的宋军转而为盗，围攻德安府城（今湖北安陆），为害百姓。陈规奉命守城，多次击退攻城乱军。南宋建炎元年（1127 年），陈规以通直郎知德安府，在任期间，乱军 9 次进犯德安，陈规率领军民"九攻九拒，应敌无穷，十万百万，靡不退却"。在金军大举进攻时，中原州郡全部陷落，只有德安一城独存。后又改任知顺昌府（治今安徽阜阳），他修缮城防，招集流亡民众，编组抗金力量，与抗金将领坚守顺昌，打退金将完颜宗弼数十万军队的多次进攻，因功升枢密院直学士。南宋绍兴十一年（1141 年），宋金议和后，改任庐州知府兼淮西安抚使。次年，病卒。

陈规在德安、顺昌时，行军屯，立堡寨，修城防，治器械，创制长竹竿大枪，长于守城，是南宋时期著名的军事技术家。所撰《靖康朝野佥言后序》

和《守城机要》各 1 卷，沉痛总结了开封失陷的教训和他坚守德安的经验，反映了他的军事理论。《宋史·陈规传》称《守城机要》为《德安守城录》。南宋乾道八年（1172 年），宋廷下诏将其刻印并颁行天下，令各地守城将领效法。史家称道："自绍兴以来，文臣镇抚使有威声者，唯规而已。"

汤璹，字君宝，浏阳（今属湖南）人。南宋淳熙十四年（1187 年）进士，曾任德安府学教授、国子博士、知常州、大理寺少卿等职。所著《建炎德安守御录》上、下卷，追记了陈规守德安之事。

《守城录》全书由三部分组成，共 4 卷，约 17800 字：第一部分为卷 1，是陈规撰写于南宋绍兴十年（1140 年）守顺昌时所作之《靖康朝野佥言后序》；第二部分为卷 2，是陈规在守德安时所作之《守城机要》；第三部分为卷 3 和卷 4，是汤任德安府教授时所作之（《建炎德安守御录》上、下卷。这三部分内容原本各自成帙，大约在宋宁宗（1195—1224 年）后才合编为一书。后被四库全书、守山阁、墨海金壶、瓶花书屋、长恩书室、半亩园、丛书集成初编等丛书所收录。《明辨斋丛书》选收了《守城机要》与《建炎德安守御录》。另有清乾隆四十年（1775 年）抄本，以及嘉庆、道光时刻本。

《守城录》的理论精义在于城池的建筑与攻守城器械的运用。

1. "善守"是保全城邑的关键

靖康元年（1126 年），金军攻陷东京汴梁（今河南开封）后，朝廷权贵昏聩无能，以开封城大难守，以及金军炮多而猛为由，推卸开封失陷的责任。陈规认为，宋军之所以弃地失城，全在于统兵者守御之术的不善，有炮而不善用炮，更不善于以炮御炮。因此，开封的失陷在于守城者不"善守"。他以寿阳（今属山西）抗金之事为例说，寿阳城小而势单，但金军万人之众，三攻而不能破，这是城中守将"善守"的结果。陈规以京都开封因不"善守"而失，小城寿阳因"善守"而全的鲜明对照，说明城邑守御得失的关键所在，充分反映了他关于势之强弱、城之大小、兵力众寡、器械多少、技术优劣、战术得失的辩证思想。

2. 城墙要因敌之攻具而及时改建

陈规具体分析开封城失陷的原因后指出，开封城虽大虽坚，但没有针对金军的攻城器械和战法，进行适当的改建，因而不能有效地阻止金军的进攻。

如金军用抛石机击砸城上女墙，使守城士兵每日伤亡 10 ~ 20 人。如果守城者能及时将女墙加高、加厚，再用大木加固，也就不会有如此重大的伤亡了。如果在开封城墙的内侧，再挖一道深壕，建筑一道里城，即使金军攻破第一道城墙，一时也无法填平城里的深壕，攻上第二道城墙。此时，守军便可以用城上众多的守城器械，击打攻城金军，使其遭受重大伤亡，守城便可成功。可惜，当时的守城者并没有这样做，致使金军攻城得逞。陈规指出，守卫开封东水门的官兵，因增筑了重楼和准备了充裕的守城器械，因而能与金军反复相持，多次争夺，虽未全胜，但也使金军付出了重大的代价。此外，陈规还列举了多种改善城防建设的举措，反映了他关于城防建筑不能一劳永逸，而要根据实战需要进行临战改建的思想。

3. 以抛石机守城制敌的理论

陈规不但对守城战术和城池改建方面作出了精辟的论述，而且还对使用抛石机守城制敌的技术和战术提出了创造性的见解。他在总结开封失陷教训的基础上，结合德安城防守的需要，提出了制炮用炮和加固城防的观点：“攻守利器，皆莫如炮，攻者得用炮之术，则城无不拔。守者得用炮之术，则可以制敌……炮不厌多备，若用得术，城可必固。”

陈规所提制炮用炮的措施，主要有以下几个方面。

首先，要聘请技精艺熟的能工巧匠，选取坚实而又少支节的栎木和檀木，作为制作炮梢的原料，把它放在沟渠中浸泡百余日至半年的时间，再取出剥皮封干，待至六月或十一、十二月时，用麻索和兽皮条，将炮梢从头至尾间隔系扎紧密。用此法制成的炮梢自然就坚挺有力而又不会弯曲折断了。与此同时，还要制作数量众多、重为 5 斤的黄泥弹。这种重量一致的球形黄泥弹，既能抛得远打得准，又不会被敌人用做炮弹打上城来，因为泥弹落地后就被砸碎不能再用了。

其次，要针对金军的攻城战法，采取行之有效的守御和反击战术。陈规指出，金军在进攻坚城时，通常先用湿木编成各种“洞屋”，用生牛皮蒙覆其上，人在其下搬运土木和填平城壕，放置壕桥，然后将“对楼”鹅车洞子、云梯等高层攻城器械运过壕桥，以便攻城。与此同时，在城下布设几十具甚至上百具的七星炮、撒星炮、座石炮，向城上抛击，并用强弓劲弩齐射，致使城上矢石如雨，守军不能存立。最后便推“对楼”接近城墙，"对楼"中所藏的 80 名士兵便攀城而登。陈规提出的破敌之策是：先用射程在 250 步以上的炮抛射炮弹，击杀敌军人马，击碎其攻城器械，尤其是击杀其指挥官，使其失去指挥，混乱而不能接近城墙；用射程 250 步以下的炮抛射炮弹，击碎企图通过护城河的"洞屋"、"对楼"等攻城器械，击杀企图填壕的敌兵；再用单梢炮击杀其后续部队；当敌军使用炮石抛击城上时，守军暂时隐蔽于城墙后壁，减少伤亡，待敌抛射完毕后，守军再发炮还击。

其三，要善于选择置炮阵地和派出定放人员确定炮击目标。陈规认为，守城炮不能安在目标明显暴露的城墙上，而要安在城内适当距离的隐蔽之处，以避免被敌炮击毁。为了能使炮击命中目标，必须派出一名定放人员指示炮击的方向。如果最初几炮未能命中，则采用调整定放人员或炮架设置的位置，直至准确命中为止。

其四，平时要对炮手与定放手进行抛射训练，以便在战时熟练地抛击敌人。

陈规对抛石机制造和使用的论述，对后世产生了重要的影响。宋元时期对此问题的论述，迄今为止，还没有发现能超出《守城录》范围的。

知识链接

《武经七书》的组成

我国古代军事家十分重视对兵书的学习与研究。古代统治者为了选拔、培养军事人才，很早就把古代杰出的兵法当作军事人员学习的教科书。据《后汉书》载：东汉时，"立秋之日，兵皆习孙吴兵法，六十四阵。"宋朝仁宗时，开始建武学、设武举。元丰三年（公元 1080 年），宋神宗下诏校定《孙子》《吴子》《六韬》《司马法》《三略》《尉缭子》《李卫公对问》，并且雕版刊行，号称"七书"，也即后来的《武经七书》。自此，《武经七书》

被定为官书，颁之武学，并列学馆，设置武经博士。元丰五年（公元 1082 年），何去非被任命为右班殿值武学教授博士，成为我国也是世界上第一位武学博士。南宋时宋高宗明确规定："凡武学生习七书兵法"，武举考试以《七书》命题。《武经七书》成为后来历代武举的教科书。

第二节
明清时期的兵书与兵家

唐顺之与《武编》

　　《武编》又名《唐荆川纂辑武编》，唐顺之纂辑。唐顺之（1507—1560年），字应德，明武进（今属江苏）人，嘉靖八年（1529 年）会试第一。曾以郎中身份督兵浙江，与胡宗宪共同抵御倭寇，因有战功，升任右金都御史，代凤阳巡抚。"史称顺之于学无所不窥。凡兵法、弧矢、王奇、禽乙，皆能究极原委"。（《四库全书总目提要子部·兵家类》）。对天文、地理、音乐、数学都有所研究，擅长散文。一生著述甚富，有《荆川先生文集》《广

唐顺之雕塑

右战功录》等 10 来种。学者称其为荆川先生，明崇祯年间追谥为襄文。

本书纂辑于明嘉靖时，当时，明廷武备废弛，将帅缓带轻裘，军队养成懒惰散漫的习性，徒有简兵练卒之名，而无强兵锐卒之用，一有战事，则蒙头缩颈，胆落神悸，毫无战斗力。唐顺之有慨于此，为振兴武备，广搜博采，从历代兵书及其他史书中辑录对于武备有所裨益的资料，"一切命将驭士之道，天时地利之宜，攻战守御之法，虚实强弱之形，进退作止之度，间谍秘诡之权，营阵行伍之次，舟车火器之需，靡不毕具"。（吴用先《武编序》），编纂成《武编》一书。后来唐顺之抗倭和巡抚凤阳期间，多得力于该书。明郭一鹗在为此书写的序言中说："得是编熟之化之，天下无就敌矣！荆川先生熟而化此，以南剿倭，北创虏，十用其七八。"

然而本书当初并未刊行，只有抄本传世，为秣陵（南京）焦澹园所收藏。焦氏非常珍视这部书，时常有人向他索要藏本刊行，他都以"兵阴道也，乃阳言之乎？危道也，乃安谈之乎，非其时也"为由，拒绝刊印。到了明万历戊午年（1618 年），后金政权起兵反明，明军损兵折将，连连败退。这时，焦氏才认为是刊印此书的时候了。于是将抄本交给徐象雕版印行，使这部沉睡多年的兵书得以广泛流传。

《武编》前集主要辑录有关兵法理论方面的资料，内容包括将帅选拔，士伍训练，行军作战，攻防守备，计谋方略，营制营规，阵法阵图，武器装备，人马医护等等。后集全部是用兵实践，其体例与《武经总要·后集》略同，是从古代史籍中撷取有关治军和用兵的故事，以为借鉴。

《武编》采集资料的范围比较广泛，从《武经七书》《太白阴经》《虎铃经》《武经总要》《续武经总要》等兵法典籍到汉唐以来的名臣奏议，无不撷集，仅前集所注明的就有 40 余种。其中保存了一些他书少载的资料，如农民起义领袖孙恩曾经用过的演禽战法等。本书比较注意辑录当朝的有关军事资料，如前集卷 1 比较详尽的辑录了明永乐十二年（1414 年）制定的赏罚条令；前集卷 4 辑录了赵本学、俞大猷有关阵法资料，尤其是辑录了当时被称为"称战"的戚继光鸳鸯阵。另外，还比较注意辑录反面战例资料，以为鉴戒。如在后集卷 1 就辑录了历史上一些"将自表异""军政不一"而招自失败的事例。

《武编》虽然述而不作，但它出自既有军事实践又有历史知识的学者之手，加之专为振兴明廷武备而作，在当时具有一定的现实意义；对今天来说也有一定的史料价值。《四库全书总目提要》评论说："武编虽纸上之谈，亦多由阅历而得，固未可概以书生之见目之矣。"

本书自明徐象曼山馆刊印之后，受到后人的重视，清代又有重刻本、抄本行世。

唐顺之出生于一个读书人家，父亲唐宝曾任永州知府，在顺之的幼年时代，父亲对他管教甚严。写字如不端正就会挨打。如果出去游玩回家晚了，母亲也会时常责骂他。顺之天生禀赋聪明并且极具个性，在同龄人中属佼佼者。顺之酷爱读书，父母除对其严加要求外，并不时为他寻觅当代的名师为其辅导，因此学业有成。在唐顺之23岁那年（嘉靖八年），他参加了每三年才在京城举办一次的会试，荣登第一。

唐顺之生活的明朝嘉靖年间，倭患严重，其主要原因是中国的巨商和海盗与倭寇相互勾结。沿海各地的"海商大贾"、"浙闽大姓"们为了牟取厚利，大规模进行走私，成群结党，分泊各港，明朝政府不能禁止。后来竟演为亦商亦盗，兼行劫掠。嘉靖三十二年（1553年）倭寇集结了几百艘海船在浙江、江苏等地的沿海登陆，抢掠了几十个城市，甚至上海被围困，知县以身殉职。当时危害东南沿海一带各大城市的倭寇，并非是三五成群的贼寇，而是拥有兵力相当于现代军队三五个师团的武装力量，因此攻城略地，苏州、松江、宁波、台州均曾遭其蹂躏，杀戮之惨状亦如现代日本侵略军种种兽行！无奈的是这种情况一直延续了五六年之久，当时明朝的军队就是没有力量给倭寇一点教训！唐顺之面对这样的现实也是气愤得吃不下饭。尤其令人发指的是，他在苏州曾经目睹倭寇以刺刀刺杀婴儿作为消遣，唐顺之痛心疾首，下定决心要与倭寇抗争到底！因此他决定放下书本，为民请命！

唐顺之在兵部任职后，首先到京师附近的练兵基地蓟镇，制定了整顿这支无力抵抗外侮的军队方案。然后与总督胡宗宪商议讨贼御寇的策略。他主张在海上截击倭寇的兵船，不让倭寇登陆，因为倭寇登上了陆地，我们的田园庐舍生命财产势必都要蒙受巨大损失。但是那时的将校兵卒都怕海战，甚至见了水就害怕！因此他们常常假借种种客观原因躲藏在内河的港湾内不敢出战，这给海上来的倭寇提供了登陆契机，来了就能任意抢掠满载而去的机会。顺之见到人民遭此苦难，常常皱着眉头慨叹地说，老百姓遭受横祸，等于用刀子剜我的肉，对于死难的父老乡亲，我怎样才能给他们以慰藉呢？于是他决定亲自下海去体验一下海上的生活。他从江苏的江阴驶向蛟门大洋，一昼夜走了六七百里，跟随他前往的人在风浪中或惊骇万状，或呕吐不止，可是顺之本人却意气风发镇定自若，他在海风怒吼惊涛骇浪的隆冬黑夜的海上，把躲藏在港湾内不尽职守的将官们捉住法办，严惩之下，这些拿了公家俸禄却贪生怕死贪图安逸的将官们都兢兢业业，认真尽责了。他们常因看见风帆就以为唐顺之的船来了，连忙整顿军容，不敢稍有懈怠！

倭寇因为知道明朝军队无力与之抗衡，五六年来他们可以任意在东南沿海各大城市抢掠，因此干脆在上海附近的崇明建立大本营做根据地。

一次唐顺之率领船队前往倭寇停泊在孤悬大洋中的三沙，在海上较量了一次，大获全胜，消灭倭寇120人，击沉其兵船13艘，缴获无数战利品，这是当年在海上御寇少有的一次大捷！

其后倭寇又侵犯江北，唐顺之率副总兵刘显驰大破倭寇。三沙遂又告急，唐顺之连忙回来支援，他亲自跃马布阵持刀直前，致使倭寇见军容严整再不敢出战！

唐顺之因多年在海船上奔波抗倭，一年夏天一连好几个月都生活在海上，不幸染病，但他仍然支撑着病体泛海，渡焦山，至通州病逝于海船之上，时年54岁。

荡平倭寇的戚继光

戚继光是明代中后期著名的军事将领。他率领的"戚家军"在几十年的时间里，转战浙江、福建、山东、上海、广东一带，平息了危害东南沿海数十年的倭寇之患；又作为国家柱石受命北调，率兵抵御蒙古南侵，为国家和民族做出了重要贡献。戚继光的军事思想深深地影响着后世，成为中国封建社会晚期重要的军事战略家之一。

戚继光故里

据《明史·戚继光传》记载：戚继光，字元敬，号南塘，山东蓬莱县人。生于明世宗嘉靖六年（1527年），死于明神宗万历十五年（1587年）。戚继光的先祖戚祥曾跟随朱元璋南征北战，最后战死在沙场上，为了追念他的开国功劳，明朝特准戚祥的子孙世袭登州卫（今山东蓬莱）的指挥佥事（正七品）。所以，一直到戚继光的父亲戚景通时，戚家数代都担任这个中下级职务，防守沿海常遭倭寇侵扰的登州达140多年，为明王朝立下了汗马功劳。

戚继光所处的时代正值明王朝内忧外患的时期。在内政方面，明世宗朱厚熜是有名的败家子皇帝，他信任宦官奸佞，贿赂遍地。他为了修筑自己的寝陵，耗费了数千万两白银，使成千上万的百姓倾家荡产。因世宗的年号是"嘉靖"，所以老百姓送给他的谚语是"嘉靖，嘉靖，家家干净"。内忧必然带来外患，15世纪中下叶，日本一些专以习武、抢劫、不务正业的游民、浪人，为了搜刮钱财，便成群结队地渡海来到中国，烧杀抢掠，无恶不作。这些亡命之徒少则几百人，多则数千人甚至上万人，给浙江、山东、江苏、福建、广东沿海一带的老百姓带来了深重的灾难，腐败的明朝军队根本无可奈何。老百姓给这些游民取了个名字——"倭寇"。

由于出身将门，受家风陶冶，戚继光从小就习武，同时对文学经史也时时研习，其文章还得到私塾老师的高度称赞，老师对戚继光的父亲戚景通说："此儿必能光大你的门户。"于是，其父就给他取名为"继光"，即继承祖业、发扬光大之意。13岁那年，父亲想检验一下儿子的志向，问他将来做何种人，戚继光脱口而出："做霍去病与岳武穆耳。"14岁时，戚继光生母去世，父亲又多病，家道逐渐衰落，但戚继光没有停止对国家时局的关心和兵法的研究。16岁时，他在山东参加了乡试，中了武举。17岁那一年，父死，他承袭了登州卫指挥佥事，开始了他长达40年的军旅生涯。这一年是嘉靖二十三年（1544年）。

在登州卫指挥佥事任上，戚继光每天除了处理公务外，就是闭门读书，对历史上重要的军事家的用兵得失深有研究，也为他日后成为一代名将打下了坚实的理论基础。为明己志，他写下了一首有名的五言绝句诗：

　　云护牙签满，星含宝剑横。

　　封侯非我愿，但愿海波平。

嘉靖三十二年（1553年），明王朝提升戚继光为都指挥佥事，管理三营二十五卫所，负责防御山东沿海来袭的倭寇。到任后，戚继光立即着手进行改革，针对山东海防卫所残破、兵无训练、纪律荡然无存的情况，大刀阔斧地进行整顿，训练士兵，严肃军纪，很快改变了卫所的面貌，他所管辖区域里的海防也得到了巩固。

嘉靖三十四年（1555 年）秋，戚继光被调到浙江任都司金事，参加了抗倭任务最艰巨的浙江战事，得到总督胡宗宪的赏识，推荐他任参将，镇守倭寇出没频繁的宁波、绍兴、台州三府的广大地区。这一年，戚继光 29 岁。

嘉靖三十五年（1556 年）九月，戚继光刚任参将不久，就参加了浙江省慈溪县龙山所的战斗。这一仗深深地影响了戚继光的一生，使他的人生道路发生了巨大的改变。当时倭寇只有 800 人，明军却有上万人，可是，上万人的明军竟然抵挡不住倭寇的进攻，纷纷溃退，尽管戚继光当场斩杀了两个士兵以弹压众人也无济于事。正在危急之时，戚继光跳上一高台，一连三箭，射倒三个倭寇头目。见头目已死，倭寇停止了进攻。见状，戚继光连忙招呼溃退的士兵，重新组织进攻，这才把倭寇赶跑。

这一仗留给戚继光的印象太深了。他深知明军已经腐败得无法作战了。于是，一个大胆的念头在他脑子里形成：另起炉灶，重建新军，否则，兵再多也无济于事。

同年十二月，戚继光起草了《任临观请创立兵营公稿》的报告，正式提出了自己的练兵建议，并说："诚得浙士三千，亲行训练，比及三年，足堪御敌。"报告送到浙江总督胡宗宪那里，却石沉大海。但戚继光不气馁，又送上一份，胡宗宪只看了一眼，就把它丢在地上，生气地说："练兵我也曾想过，浙江人要是能练，还轮到你戚继光？"此时，旁边的幕僚提醒道："戚继光年轻气盛，既有此心，何不让他一试？试不好也不会怪你，免遭人怨。"胡宗宪认为不无道理，就拨 3 千人给戚继光，让他去训练。

这支 3 千人的队伍素质不好，成分复杂。面对这种情况，戚继光毫不退缩，痛下猛药，严格要求和训练，使这些兵痞子苦不堪言，怨声载道，但戚继光丝毫不为所动。一个月后，戚继光就带着这支队伍参加了围剿倭寇的岑港之战，并取得了奇效：最终冲进岑港内，摧毁了倭寇的最后据点。

嘉靖四十年（1561 年）四月，倭寇大举进犯浙江的象山、奉化、宁海等十数个地方兵力达数万人。五月初，倭寇以数千兵力佯攻宁海，以主力袭台州。为除倭患，浙江总督胡宗宪命戚继光平乱。此时的明军已不是以前的"吴下阿蒙"了，经过严格挑选和训练的"戚家军"无不以一当十，倭寇力战不支，被斩数千，两名头目被生擒，剩余的只好跳海，结果全部被淹死。这一仗，"戚家军"仅阵亡 3 人。由于在浙江遭到严重打击，倭寇就把进攻重点移向福建。嘉靖四十二年（1563 年）八月，福建的福宁、漳州、泉州均有倭寇入侵，福建巡抚向朝廷告急，嘉靖皇帝钦命戚继光赴闽除倭患。入闽后，"戚家军"纪律严明，作战勇敢，戚继光本人也身先士卒，指挥有方，四战四捷。只用了一年的时间，歼敌上万人，福建的倭患基本消除。嘉靖四十四年（1565 年）倭寇流窜广东，与当地土匪吴平相勾结，危害地方，兵力最多时达数万人，广东官员深以为忧，只好向朝廷告急，嘉靖帝又命戚继光入粤平患。入粤后，戚继光采取以打击倭寇为主，打击当地土匪为辅的剿抚并施方针，经过两年的艰苦战斗，歼灭倭寇、土匪达 3 万多人，平定了倭寇及山匪之乱，广东又告平静。戚继光升任为都指挥使、总兵官。从 1544 年承袭指挥佥事至 1565 年平定广东倭寇，戚继光与倭寇战斗数十百次，歼敌数十万，彻底平息了东南沿海的倭寇之患。

公元 1566 年，在位 45 年的嘉靖皇帝朱厚熜病逝，穆宗朱载垕即位，年号隆庆。此时，南方刚告平定，北方又起狼烟，退居大漠深处的元王朝的残余势力趁明朝内乱之际，屡屡派兵南下骚扰，严重时，蒙古兵力甚至到达了喜峰口和居庸关，北京形势十分严峻。为护卫北京，明王朝调戚继光北上镇守边陲，于隆庆二年（1568 年）对戚继光加官进爵，晋升为都指挥使、总兵，总理荆州、昌平、辽东、保定军事，节制四镇，成为护卫京畿的大将。戚继光受命之后，先从南方调去了以戚家军为骨干的精兵两万人，作为核心力量；到北方后，进一步整军练武，修筑长城和烽火台，严阵以待；为了对付蒙古的骑兵，戚继光还创建了车步骑阵。蒙古军见明军防守严密，其指挥官又是久经战阵、威名远扬的戚继光，便不敢肆意妄动。如今北京至山海关一带的长城，大部分都是戚继光镇守北方时修建的。作为一代名将，戚继光不仅平定了南方的匪患，而且还巩固了北方的防务，使蒙古骑兵不敢贸然南下骚扰，保障了首都及北方的安全，所以说戚继光是明王朝从嘉靖到万历时期数十年内的国家柱石并不为过。为表彰戚继光的功劳，明王朝加封他为太子太保、左都督，后又加封太子少保，故时人又称他为"戚少保"。戚继光的人生及事业都到达了顶峰。

万历十年（1582 年），一代名相张居正病死。张居正的死不仅对明王朝是重大损失，也给戚继光带来了人生由盛转衰的转折点。

1582 年初，明神宗下诏免除戚继光的太子少保之职；两个月后，又免去戚继光节制北方四镇的左都督职务。1583 年，戚继光被贬为广东巡抚，不久又被贬为都指挥使。见一再被贬，戚继光无心仕途，便于万历十三年（1585年）离开生活、战斗了40年的军营，去山东老家当了一名普通老百姓，靠延师教子、修桥立庙和整理文稿消磨时光。两年后，在贫病交加中死去。按明王朝的政策，凡有大功于国的将军的子孙都可世袭其禄，多则几十代，少也有三五代，可戚继光的儿子所承袭的还是他的先祖戚祥的爵禄——登州卫指挥佥事。

《纪效新书》

戚继光在嘉靖三十九年（1560年）前后根据自己选练新兵的经验写成《纪效新书》。隆庆五年（1571年），又写成《练兵实纪》一书。两本书都是在佛郎机和鸟枪大量使用情况下，进行军事训练的兵书。这里因限于篇幅，故只介绍《纪效新书》一种。《纪效新书》书名的含义及文中的主旨，作者是这样说明的："夫曰'纪效'，明非口耳空言；曰'新书'，所以明其出于（兵）法，而不拘泥于（兵）法，合时措之宜也"，"集所练士卒条目，自选畎亩民丁，以至号令、战法、行营、武艺、守哨、水战，间择其实用有效者，分别教练，先后次第之，各为一卷，以诲诸三军俾习焉。"全书有总叙1卷，正文18卷。现存有明刻本和清代以来的抄本和刻本等多种。国外有日本宽政九年（1797年）刻本等。万历年间成书的14卷本，内容与18卷本有所不同。

总叙包括两篇《公移》和一篇《纪效或问》。前者主要针对东南沿海倭寇为害的状况，反复阐明练兵的可行性和必要性。后者则以问答形式，提出明确要求，以期解决练兵中的许多疑难问题。正文18卷主要有：束伍篇第一、操令篇第二、阵令篇第三、谕兵篇第四、法禁篇第五、比较篇第六、行营篇第七、操练篇第八、出征篇第九、布城诸器图说篇第十五、旌旗金鼓图说篇第十六、守哨篇第十七、治水兵篇第十八。包括选兵和编伍；技术战术训练；军事纪律和比较武艺；行军作战及旗帜信号；守城和墩堠报警；兵船束伍、水寨习操、战艇器用和水上战斗等。

在战略指导上，《纪效新书》主张以攻为主，以彻底歼灭敌人为目的，这是与戚继光安内必先攘外思想分不开的。在内忧外患同时存在的情况下，外患是对国家安全的最大威胁，因此戚继光全力荡平倭寇，以保障东南沿海的安宁，此做法是极其正确的。为实现拒敌"不得入"的战略决策，必须有守有战，守战结合，"有能战之势，而后可期固守之安"。要能攻能守，常备不懈，"兵法：'攻是守之机，守是攻之策。'自古防寇未有专言战而不言守者，亦未有专言守而不言战者，二者难以偏举"（《纪效新书·哨守篇》）。在作战中，戚继光针对"倭奴鸷悍技精"的情况，主张用数倍于敌的优势兵力，对敌进行歼灭性打击。正是因为他很好地运用了这个原则，才使得倭寇闻风丧胆，取得抗倭的辉煌战绩。

为达到对敌作战的优势，除人数占多数外，戚继光还非常重视单兵的技能和军官的指挥能力是否超过敌人，战士使用的武器是否比敌精良，对于不如者加以改进，研究出克敌优势的对策。如倭寇的鸟铳和倭刀就强于明军，戚继光便制造性能更好的鸟铳装备部队，并创立"鸳鸯阵"的战斗队形，使倭寇"鸷悍技精"的优势发挥不出来。对于武器和粮秣等军需物品的供应问题，戚继光也从不放松。在当时的鸳鸯阵中"必队设火头（炊事员）行锅，负之以随军；身带干粮赍（赍，旅行人所带的衣食等物，裹，备之以炊爨（爨）；兵有营壁器具（野外扎营时所用之物），立之以相持，宿饱（隔夜有余饱）于野，庶为有制"。（《纪效新书·任临观请创立兵营公移》）。而以往明军屡吃败仗的原因就是"每遇敌，昼则空腹围战，至夜复又饥奔二三十里之外人家或入城廓宿歇，至晓复合（又与敌战许多回合）。而贼于一夜之内黑地（利用暗夜）预设奇伏，转移流（动）突（击），自（黄）昏至旦，五六十里有之。我军及（天）明，行疲气息。又有未战而已过贼伏（击圈）者有之，往往取败……"（《纪效新书·总叙》）。常吃败仗，则士气低落，未见贼人，只闻其声便望风而溃，因此，要守吾士气。

士气是决定胜负的关键因素。《纪效新书·总叙》指出："兵之胜负者，气也。兵士能为胜负，而不能司气（司：掌握）。气有消长，无常盈，在司气者治制之何如耳。凡人之为兵，任是何等壮气，一遇大战后，就或全胜，气必少泄，又复治盛之以再用，庶气常盈。若一用之而不治，再用则浊，三用则涸。"保持部队旺盛的斗志的确十分困难，首先取决于官军的齐心协力，此所谓万人齐心，泰山可移。所以，戚继光要求将士："如擂鼓该进，就是前面有水有火，若擂鼓不住便往，水里火里，也要前去。如鸣金该退，就是前面有金山银山，若鸣金不止，也要依令退回。肯是这等，大家共作一个眼，共作一个耳，共作一个心，何贼不可杀！何功不可立！"（《纪效新书·总叙》）。

戚继光在抗倭中以快捷迅猛的歼灭战而闻名，《明史》中记载戚家军的作战"飙发电举，屡摧大寇"。之所以能够产生如闪电般快捷的行动，一方面是

戚继光抗倭图

战机选择适宜，另一方面与戚家军平时注重从实践出发，训练严格，纪律严明分不开的。戚继光认为："设使平日所习所学的号令营艺，都是照临阵的一般；及至临阵，就以平日所习者用之，则操一日必有一日之效，一件（武器）熟便得一件之利"（《纪效新书·总叙》）。在一般情况下，戚继光要求将士绝对按主帅的号令行事，但突遇敌情时，允许下属便宜处置，如鸳鸯阵可以一变为三才阵和二五阵。在这里，阵形虽然有变，但一些基本原则不能丢，在兵器的配备上应该是"长以救短，短以救长"，"长短相杂，刺卫兼合"。戚继光指出："善用兵者，因敌情转化，其法已云然矣。而不知善操习者，亦因兵情转化，岂有一定之习哉！善用形者，亦因地形措战，岂有一定之阵哉！况兵列既长，缓急之变，贼势叵测。苟或遇出于此格之外，偶有警急，岂能候中军号令？若遇未及照令施行之中，忽有前变，则前营把总即自主号令，先以备战。左营、右营各听当前把总（前营把总）之号令，如听中军号令一般"（《纪效新书·操练篇》）。戚继光非常强调兵员的素质，在选兵时，"第一可用，只是乡野老实之人"，虽然这些人强弱不同，但经过训练便可以达到"齐勇"的程度。"信赏必罚"是培养将士遵纪守法的前提。戚继光本人就严格地遵行赏罚公正的原则，他说："赏罚军中要柄。若该赏处，或是平时要害我的冤家，有功也是赏，有患难也是扶持看顾；若犯军令，就是我的亲子侄，也要依法施行，决不干预恩仇"（《纪效新书·论兵篇》）。只有让全军官兵知道何事可为，何事不可为，从住营、操练、行军、出征等方面都做到纪律严明，便可以达到"万人一心，所向无敌"的程度。

《纪效新书》文字通俗、生动，配以图说，很适于将士阅读。清人张鹏翮（芬）说《纪效新书》是"三百年来说武备者，辄脍炙人口不能去"。《纪效新书》还提出"五兵之中，唯火最烈"的主张，它反映了火器广泛用于战争以后，战役战术所发生的变化，是火器与冷兵器并用时代杰出的军事理论著作。

古典兵学的百科全书

《武备志》是中国古代兵学宝库中一部规模最大、篇幅最多、内容最全面的兵学巨著，被兵家誉为古典兵学的百科全书。它是在明代后期，东南沿海外患丛生，北方游牧民族不断向明廷挑战的严峻军事形势下，由茅元仪在总结历代兵学成就的基础上，针对当时军事斗争的需要编撰成书的。

茅元仪，字止生，号石民，又署东海波臣、梦阁主人、半石址山公等，明末归安（今浙江吴兴）人。万历二十二年（1594年），茅元仪出生于一个书香门第。祖父茅坤是著名的文学家，父亲茅国缙（一作晋）官至工部郎中。在家庭的熏陶下，茅元仪自幼勤奋好学，博览群书，尤其喜读兵、农之作。茅元仪从小就有同情心，他10岁那年，家乡吴兴遭遇大灾，太守在召集官吏及富户议论救灾时，竟然没有人响应，茅元仪见此情况，即请求将家藏数万石粮食，全部救济灾民，灾民感谢万分。

茅元仪成年后，因多年勤奋学习，已熟谙军事，胸怀韬略，对长城沿线的"九边"重镇、关隘、险塞，都能口陈手画，了如指掌，为当时的将领们所称赞。

正当茅元仪立志报国之时，东北建州女真族崛起，其首领努尔哈赤于万历四十四年（1616年），在赫图阿拉（今辽宁新宾）建立后金政权，自称金国汗，建元"天命"。两年后以"七大恨"为借口，兴师攻明，辽东战火纷

茅元仪雕像

飞，战乱屡起。明廷阉党弄权，国运衰落，军队战斗力低下，战败的消息纷纷传来，举国为之震惊。茅元仪于焦急忧愤之时，发奋著书立说，刻苦钻研历代兵法理论，将多年搜集的战具、器械资料，治国平天下的方略，辑成《武备志》，于天启元年（1621年）刻印。自此以后，这位年轻学子声名大振，以知兵之名被任为赞画，随大学士孙承宗督师辽东，与同仁鹿善继、袁崇焕、孙元化等人一起，在山海关内外考察地形，研究敌情，协助孙承宗作战，抵御后金的进攻，并到江南筹集战舰，加强辽东水师，提高明军的战斗力。在孙承宗指挥下，明军在辽东收复九城四十五堡，茅元仪也因功荐为翰林院待诏。

由于阉党魏忠贤专权，孙承宗被排挤去职，茅元仪也随之被削籍，于天启六年告病南归。次年十月，朱由检即帝位，几天内杀了魏忠贤，阉党势力大落，茅元仪即赶赴京城，向新帝进呈《武备志》，因被权臣王在晋等中伤，以傲上之罪，被放逐到定兴（今属河北）江村。崇祯二年（1629年）冬，后金骑兵直扑北京，孙承宗再度受命督师。茅元仪和24骑护卫孙承宗，从东便门突围至通州（今北京通县），击退后金罕的进攻，解了北京之危。茅元仪因功升副总兵，督理觉华岛（今辽宁兴城菊花岛）水师。不久又被权臣所忌而解职，又受辽东兵哗之累，遣戍漳浦（今属福建）。之后，辽东军情复又紧急，他请求效死勤王，遭到权臣阻挠，于崇祯十三年悲忿纵酒而亡。

茅元仪文武双全，时人称道他："年少西吴出，名成北阙闻，下帷称学者，上马即将军。"茅元仪一生著述宏富，有《武备志》、《督师纪略》、《复辽砭语》等60多种，数百万言。但因屡遭禁毁，散佚较多，对后世影响最为深远者，当首推《武备志》。

《武备志》共240卷，20多万字，有738幅附图，其版本甚多。现存有明天启元年（1621年）初刻本，因书中"多悖碍字句"而被清代列为禁书，现仅在北京图书馆、中国科学院图书馆、浙江省图书馆有其藏本，是现存最佳的版本。此外还有清道光年间公开刊行的木活字本；日本祯原屋茂兵卫于日本宽文四年（清康熙三年，1664年），据明刻本复刻的《武备志》，增刻有日本假名注音，对序言和正文未作删改，保留了明刻本的原貌；1974年，又翻译成日文本。其他的版本甚多，不一一列举。茅元仪在编纂《武备志》时，把搜集到的资料，按古典兵学的逻辑联系，分为"兵诀评"、"战略考"、"阵练制"、"军资乘"、"占度载"五大门类。

"兵诀评"18卷，选录了明朝以前的著名兵书《孙子》《吴子》《司马法》《六韬》《尉缭子》《三略》《李卫公问对》的全文，以及《神机制敌太白阴经》《虎钤经》的部分内容。他对这些兵书的要点，都作了精彩的评点，借以阐述自己的兵学观点。如他对《孙子》作了高度的评价，认为"自古谈兵者，必首推孙武子"。又说："先秦之言兵者六家，前孙子者，孙子不能遗，后孙子者不能遗孙子，谓五家为孙子注疏可也。"足见茅元仪对《孙子兵法》评价之高。当然这是茅元仪将《孙子兵法》与《吴子》等五部兵书相比较而得出的看法，不过把其他五部兵书只看做是对《孙子兵法》的注疏，也不免失之偏颇。历史证明，其他五部兵书对《孙子兵法》也多有发展之处。

"战略考"33卷，按年代顺序，收录了春秋、战国、西汉、东汉、三国、晋、宋、齐、梁、陈、隋、唐、五代、北宋、南宋、元等14个朝代（其中东汉、西汉应合为汉朝，北宋、南宋应合为宋朝）中有价值的战争、战例共613个，从战略上评论作战各方的得失。他认为"良工不能离规矩，哲士不能离往法，古今之事，异形而同情，同情则法可通；古今之人，异情而同事，事同则意可祖"，故作"战略考"，"以为今之资"。此话说明了他的编纂意图，"战略考"选录的战争和战例，都因以奇谋伟略取胜而被兵家所称道。如勾践的卧薪尝胆、乘虚捣隙的吴越争霸，孙膑减灶示弱而诱敌入伏的齐魏马陵之战，孙刘联合破曹的赤壁之战，李世民据险扼要、疲敌制敌的虎牢之战等。

"阵练制"41卷，分"阵"和"练"两部分。前者要求详细周全，后者侧重深入浅出，切合实用。"阵"下分列94个细目，附有多幅阵图，全面论述了明朝以前各代的阵法内容和阵图，诸如诸葛亮的八卦阵，李靖的六花阵，戚继光的鸳鸯阵等，对每一种阵法都有记述和辨证。在阐述古阵时，既注重突出其优长，又澄清后人的伪托和牵强附会之说。"练"下分选士、编伍、悬令、教旗、练艺等5个细目，详细论述了士卒的选拔，车、步、骑、辎重兵的编伍、赏罚、教习、训练等内容。

"军资乘" 55 卷，下分营、战、攻、守、水、火、饷、马 8 类内容。类下有子目，子目下又分细目，内容非常广泛和全面。如营类内容就有营制、营算、营地、营规、夜营、暗营等子目。战类内容也有战、军行、渡险、赍粮、寻水、候探、烽火、乡导、审时、布战、料敌、应战、设险、入伐、符契、旌旗、器械、祭等子目。其他各类内容也都采用类似的方法，分为若干个子目。"军资乘" 所记载的内容，包括军队所需各种物资的筹集、制作、使用等各个方面，从攻守器械、火药、火器、战车、战马、战船，到粮草、米盐，几乎无所不包，堪称古代军用物资、后勤给养的大全。更为重要的是 "军资乘" 在阐述营、战、攻、守、水、火、饷、马等 8 个方面之要义时，全面记载了战争所赖以进行的全部军事技术条件，书中从卷 102 至卷 134，把古典军事技术按野战、攻城战、守城战、水战、火攻等 5 个部分，进行分门别类的论述，对各种武器装备的制造和使用，对军事工程的构筑和使用，都作了概要而全面的反映，具有较高的科学性、实用性和学术性，既囊括了明代以前所创造的军事技术成果，又融汇了当时的新鲜内容，共有 600 多种，具有浓厚的时代特色，堪称集中国古典军事技术之集大成的兵学巨著。

"占度载" 93 卷，由占和度两部分组成。有占卜天、日、月、星、云、风、雨、雷、电、雾、霜、雪、五行、太乙、奇门遁甲、六壬等项目，虽有不少迷信荒诞之说，但也反映了当时人们对天文、气象的一些朴素认识。度即度地，主要是记述兵要地志，有方舆、镇戍、海防、江防、四夷、航海等项目，对明代的地理形势、关塞险要、海陆敌情、卫所部署、督托监司、将领兵额、军饷财赋等内容都有论述。

 ## 顾祖禹著写 《读史方舆纪要》

顾祖禹，字端五，又字复初，号景范，生于明崇祯四年（1631 年），祖居无锡县廊下（今羊尖乡）。父亲顾柔谦，早年入赘于常熟城东谭氏家，因此他自认籍贯常熟。壮年时在无锡宛溪（今宛山荡）讲学，自号宛溪子，后来学者尊称宛溪先生。少承家学，熟谙经史，好远游。明清之际，战乱频繁，其家产和藏书都毁于战火。由于生活贫困，只得当塾师度日。顾祖禹痛感于明代士大夫空谈心性导致亡国的惨痛教训，立志于研究经世致用的实在学问，着手编撰巨著《读史方舆纪要》。为撰著《读史方舆纪要》，顾祖禹博览群史，搜集和研究历代舆地之书。他的生活十分艰苦，坐馆当塾师的全部月收入，不过纹银六两。他为了从事写作，就把收入的一半交给妻子，让她到娘家去生活，其余用来购买纸笔和夜间照明的灯油。手头祖遗藏书很少，也无钱远游四方作实地考察，只能千方百计地设法借阅、借抄。他曾自写一副对联挂在坐馆的卧室："夜馆人静后，早起鸟啼先"，是这位塾师学者勤苦工作的真实写照。《古今方舆书目》则是他的阶段性研究成果。他对历代史地著述精细考核，"误者正之，甚者削之"，辨讹存疑，务求实确，在史地考据上取得了杰出的成就。在书中，他还对历代正史《地理志》和名家

顾祖禹画像

舆地著述——做出总括性评述，指明其特点、成就和不足，显示出集千古舆地著述之大成的学术气魄。《读史方舆纪要》130 卷，附《舆图要览》4 卷，280 多万字。正文卷 1 至卷 9 为《历代州域形势》，按历史顺序叙述历代疆域、区划、地理沿革以及相关的史事，起自上古，终于明代，引述历代史论。评议地理形势与兴亡成败的关系。这一部分是全书的总纲。卷 10 至卷 123 按明朝直隶、南直隶（江南）和十三布政使司的行政区域，顺次考述政区、城镇、山川、关隘等等，明其沿革、形势，系以历代史事。这一部分为全书的主体，内容丰富，考证精详，特别突出各地区位与军政形势的关系，从而使本书具有军事地理著作的特色。

顾祖禹十分重视政治兴衰的地理因素，但不夸大地理因素的作用。他认为舆地图书具有全局性、战略性作用，需要事先"知之于平日"，"而经邦国、理人民，皆将于吾书有取焉"，但具体的地利应用，不能刻舟求剑地专恃舆地图书。

顾祖禹研究历史地理并非是为了怀古，他强调"夫古不参之以今，则古

实难用；今不考之于古，则今且安恃？”对于现实“亦必考前人之方略，审从来之要害。”基于这种实事求是的严谨治学态度，顾祖禹在评价忽必烈大理之战时，书生意气飞扬，做出了一个大胆的军事设想："夫彼可以来，我何不可以往？"并指出，假若有人从丽江向北，结纳少数民族，"径上洮岷，直趋秦陇，天下之视听必且一易，以为此师从天而降也！"顾祖禹逝世后两百多年，1935 年，中国工农红军从贵州进入云南，在国民党各路大军围追堵截的险恶处境下，在云南两渡金沙江，沿途积极宣传中国共产党的民族政策，与藏族、彝族等各少数民族兄弟结好誓盟。期间红二、六军团北上丽江，历经爬雪山、过草地，攻克天险等艰苦卓绝的考验，直趋陕甘，整个中国工农红军完成了震惊中外的二万五千里长征，最终建立了新中国。顾祖禹，这位前代书生设计的军事地理上的异经奇策，谁也没有想到在红军长征的壮举中变成了现实。今天，当我们把二、六军团在云南长征的路线图和忽必烈进军大理的地图对照起来看，除了方向相反，路线几乎一致。忽必烈可以来，红军就可以往！深究几百年前顾祖禹的军事奇策之所以能够应验，显然应归功于他心怀天下、学贯古今、古为今用的治学境界与严谨态度。

为了编撰这本巨型历史地理著作，他先后查阅了二十一史和 100 多种地志，旁征博引，取材十分广泛。同时，他也比较注重实地考察，外出必然观览城郭，而且对于山川、道路、关津都注意察看，并且深入调查，无论过往商旅、征戍之夫，乃至与客人谈论时都注意对地理状况的异同进行考核。但无论实地考察或是调查，由于条件所限，他都只能"间有涉历"而已。主要工作还是限于对图书资料的探索和考校。尽管全书考证严谨，描述论证也多确实可靠，但他本人总觉得未能十分满意，为缺乏从实地考察中获得的感性知识感到遗憾。当然，由于时代与条件的限制，加上全书仅为顾祖禹一人独撰，难免有疏漏、谬误之处，但这些并非主流，毫不影响它闪耀于历史地理巨著之林的光辉。《纪要》对我国的历史地理科学产生了深远的影响。时人将《读史方舆纪要》与梅文鼎的《历算全书》、李清的《南北史合钞》合称为三大奇书。

康熙三十一年，顾祖禹病逝于无锡胶山，终年 61 岁。遗嘱在墓碑上称处士，表示心向故明、不仕清朝。嘉庆十六年（1811 年），《读史方舆纪要》全部刻印出版。另著有《宛溪集》、《方舆纪要州域形势说》《古本方舆书目》《方舆纪要州域形势说》《古本方舆书目》等书传世。

《纪要》叙述疆域政区和山川形胜。皆从历史上穷本溯源地备述其军事价值。顾祖禹很重视各地的攻守利害，他认为地利是行军之本，"地形之于兵，如养生者必籍于饮食，远行者必资于舟车"，必须"先知地利，而后可以行军。以地利行军，而复取资于乡导，夫然后可以动无不胜"。因此，他结合历代军事，精辟分析了各地区的山川形势和军事地位。他分析直隶形势说："直隶雄峙东北，关山阻险，所以隔阂奚戎，藩屏中夏。说者曰：'沧海环其东，太行拥其右，漳、卫襟带于南，居庸锁钥于北，幽燕形胜，实甲天下'。"又云："文皇起自幽燕，尊涿鹿而抚轩辕之坂，勒擒狐而空老上之庭。前襟漕河，北枕大漠。川归毂走，开三面以来八表之梯航，奋武揆文，执长策以扼九州之吭背。秦晋为之唇齿而斥堠无惊，江淮贡其园输而资储有备。鱼盐枣粟，多于瀛海碣石之间，突骑折冲，近在上谷渔阳之境，修耕屯而塘泊之利可兴，振师干而开宁之疆在握，此真抚御六合之宏观也。然而居庸当陵寝之旁，古北在肘腋之下，渝关一线为辽海之咽喉，紫荆片垒系燕云之保障，近在百里之间，远不过二三百里之外，藩篱疏薄，肩背单寒，老成谋国者，早已切切忧之。"徐州自古为兵家必争之地，他分析徐州形势说："州冈峦环合，汴泗交流，北走齐鲁，西通梁宋，自昔要害地也。"又引证东吴吕蒙、南朝王元漠、唐李泌、宋苏轼、元胡三省诸家议论，阐明徐州得失对于全局的利害关系，指出徐州为南北襟要，资储重地，经营天下，绝不可以"彭城为后"。类似论述，比比皆是。该书对江南、陕西、河南等地的分析，也很有见地；对四川、湖广、两广的研究，更是言有所指。说《纪要》是研究军事史和军事地理的空前巨著，是毫不过誉的。

知识链接

戚继光的《练兵实纪》

明戚继光撰。是明代后期有关练兵教战、制器用器的一部兵学专著，包括《练兵实纪》9卷和《练兵实纪杂集》6卷。《练兵实纪》9卷成书于隆庆五年（1571年），《练兵实纪杂集》成书于万历初年。现存有万历二十五年

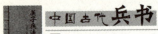

（1597 年）邢阶刻本、天启二年（1622 年）刻本、清道光二十三年（1845年）许乃钊刻本，以及其他多种活字本、抄本、铅印本，不少丛书也有收录。《练兵实纪》与《纪效新书》虽然是出自戚继光之手的并蒂双莲，但其所依据的敌情、天候、地理、守备设施和民风等客观条件各不相同，故其论述的重点也多有差异，两者如春兰秋菊，各有千秋。

第四章

中国古代兵书的思想

　　中国古代兵书凝聚着历代军事家和理论家的智慧,是中华民族优秀的文化遗产。其中的理论、思想与哲理,都对我国政治、经济、文化等方面产生了深远的影响。

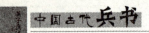

 《太公阴谋》的治国思想

《太公阴谋》出于《汉书·艺文志》著录的《太公》237 篇中。"阴谋"就是秘密或机密，古代无贬抑的色彩，尤其用在这里。因此汪宗沂说："兵凶战危，机事贵密，岂可以阴谋为诟，病执仁义为借口哉？"

《隋书·经籍志》子部兵家类著录："《太公阴谋》三卷，魏武帝解。"这是说：魏武帝时，《太公阴谋》先已传世，因而他有《太公阴谋》三卷注本。到萧梁时，武帝所注《太公阴谋》三卷本仍传世，另《太公阴谋》六卷并行于世。但到《隋书》撰修时，《太公阴谋》只存一卷见于著录了。《隋书》由魏征等人主撰，因而魏征能纂修《群书治要》而有《阴谋》节录，《旧唐书·经籍志》和《新唐书·艺文志》都有《太公阴谋》三卷著录。明代焦竑《国史经籍志》著录："《太公阴谋》一卷，又三卷，魏武帝注。"清代侯康编撰的《补三国艺文志》中，收录曹操所撰《太公阴谋解》，又著录"魏武帝《太公阴谋解》三卷"。依此可知，焦竑所说的"又三卷，魏武帝注"及侯康收录的《太公阴谋解》，都和《隋书》著录"《太公阴谋》一卷"条下"《太公阴谋》三卷，魏武帝解"的附注相同。总之，《汉书·艺文志》道家类著录《太公》237 篇中，《谋》81 篇，《言》71 篇，《兵》85 篇，《兵》是《太公六韬》，《谋》即《太公阴谋》。《史记·留侯世家》载张良得之于黄石公的《太公兵法》，经张良次序而再传，经刘歆收录入《七略·兵书略》，又经班固收录入《汉志》，是《太公阴谋》在秦汉时期的传承过程。《战国策·秦策》记载苏秦以连横说秦惠王，惠王不用，苏秦落魄回家，数受冷遇之后而发愤苦读,"乃夜发书,除箧数十,得《太公阴符之谋》,伏而诵之,简练以为揣摩"之后,得其奥妙,终于赖之成就其功名。《太公阴符之谋》应即《太公阴谋》。苏秦发旧书而从中幸得,足见《太公阴谋》或《太公阴符之谋》在苏秦之前早已传世。

如上所述,"阴谋"就是秘密的谋划。《汉书·周仁传》:"仁为人阴重不泄。"颜师古注:"阴,密也。"《史记·太史公自序》称太公"功冠群众,缪权于幽"。《集解》引徐广曰:"权智潜谋,幽昧不显,所谓太公阴谋。"《索隐》:"又谓太公绸缪,为权谋于幽昧不明著,谓太公之阴谋也。"《正义》:"言吕尚绸缪于幽权之策,谓《六韬》《三略》《阴符》《七术》之属也。"总起来看,"缪权于幽"义即"阴谋",便是暗中设计权谋、暗中计议诡秘的计划。《史记·齐太公世家》:"西伯姬昌之脱羑里归,与吕尚阴谋修德以倾商政,其事多兵权与奇计,故后世之言兵及周之阴权皆宗太公为本谋。"这里说的"阴谋修德"就是暗中地、秘密地修德,与其"阴谋修德"伴行的事多是"兵权与奇计"。汪宗沂《太公兵法逸文》中有"将谋欲密"之语,正是对"阴谋"的释义,"阴谋""阴权""将谋欲密"就是"缪权于幽"。"兵权与奇计"是机要之事。"机事贵密",故称"阴谋"。

其中,节录于太公兵法中的《阴谋》篇中明显的体现出了姜太公的谋略思想,他不仅是开创西周的功臣,而且辅佐文王、武王、成王、康王四朝之元老,积累了丰富的治国经验,推动了社会的发展和进步。他的思想、理论、实践博大精深。

姜太公作为中国韬略鼻祖、千古武圣,其文韬武略、经国治军,理民化俗之论、之策、之术,都为后人奠定了良好的基础,并为华夏民族所称颂、效法。有关姜太公军事思想的著作有《六韬》、《阴符经》、《太公兵法》、《太公金匮》等,但现存甚少。从先秦至现代,不断有人注释、讲解、校勘、阐扬,挖掘其思想宏旨奥义,吸取其思想精华,经久不衰,至今愈盛,充分展现了其光辉的思想价值和不朽的生命力。我们应当珍惜这份宝贵的历史文化遗产,使之在新时代更加辉煌。其著作精髓从以下几种思想分别体现了出来:

爱民顺民思想:爱民之道,就是以仁义之道,修德惠民,使民和服。如太公所言:"敬其众,合其亲。敬其众则合,合其亲则喜,是谓仁义之纪。无使人夺汝威,因其明,顺其常。顺者任之以德,逆者绝之以力。敬之无疑,天下和服。"就是说,要尊重民意,敬爱民众,聚合宗亲,行仁举义,就会受到民众的拥护爱戴,这样使天下和服,就可以守土、固国而王天下。因此,威服天下者,不必专任武力,不可横暴百姓,而要以仁义为本。姜太公深知"民为邦本,民固国兴"的道理,有民则有国,无民则何国可言。因此,他力倡以民为本,仁政顺民的思想。顺民就是"重民""贵民"。如果国君、人臣和各级官吏,不以民为本,以民事为务,而敲剥、残害民众,就会使民众离心离德,离之而去,叛之而反。姜太公通过自己长期生活在民众中的亲自实历,不断观察,精心研究,对于民为贵、民为本的思想有深刻的认识,并树立了牢固的民本意识,所以他在出山之前和立国治国之中,都始终坚持以民为本,实行仁政,收服民心,使万民归心。这些思想在当今社会也是有着深刻意义的,可以说和我们党的"以人为本""执政为民"政策相契甚深。

举贤用人思想:尊重、崇尚有道德、有才能的人。尊贤尚功是姜太公"国本"的主要内容之一。姜太公认为,作为君主治理国家,必须尊崇德才兼备的贤人,抑制无才无德的庸人;任用忠实诚信的人,除去奸诈虚伪的人;严禁暴乱的行为,禁止奢侈的风俗,因此,明君用人应当警惕六种坏事、七种坏人。六种坏事的危害是:"伤王之德""伤王之化""伤王之权""伤王之威""伤功劳之臣""伤庶人之业"。对七种坏人,绝对不可信用,即"勿使为将""勿与谋""勿近""勿宠""勿使""禁之""止之"。这就堵死了坏人做坏事、危国家、害民众的路径。这些用人思想,可以说在当时是非常先进而且具有深远意义的。

理财富国思想:姜太公的理财富国、富民足民的发展经济的思想主张是全面而周到、精辟而深刻的。保财货正常流通、赋税正常缴纳,促进经济发展、市场繁荣,这种开源节流的经济、货币政策,实为国家经济发展的上策。姜太公深知,农、工、商三业对国计民生的重要意义。国无农无食不稳,国无工无器不富,国无商无货不活,故要农、工、商并重,协调发展,使人民有业可从,衣食饱暖,器具足用,财货流通,财政充裕。这不仅仅是周朝经济发展的基本方针政策,而且为齐国的强大奠定了政治、物质基础。这种发展经济的指导思想,延续至当今世界。

姜太公的道德功业,为后人所推崇、称颂。有人把他由人变为神,列入神仙之首,说他能呼风唤雨、使神役鬼;有人把他尊为"兵家鼻祖";齐人称他为"天齐至尊"等等。历代文人墨客、哲人智士、兵家武士，都在诗词文论、兵书战策中，抒发情怀，称赞有加。他们或观太公留下的历史遗迹而抒发己志，或以太公事迹为据而引申己论，颂扬其功。

孙武的战争思想

《孙子兵法》虽然包容了军事学的各个方面，但是关于进行和指导战争的论述，则是全书理论的核心内容，其他各个方面，几乎都是围绕这一内容展开的。

孙子研究军事是从研究战争入手的。《孙子兵法》开宗明义第一篇就指出：战争（孙武是用"兵"字来表述的）是"国之大事"，它关系到国家的存亡，人民的生死，因此必须慎重对待，不可轻率从事，"故明君慎之，良将警之"。这就明确表达了孙武的"慎战"思想。

孙武的"慎战"思想，反映在战争指导上则表现为"全胜"的理论，这是《孙子兵法》的精华所在。在"慎战"思想的支配下，孙武要求当权者不可轻易地进行战争，要进行战争就必须要有胜利的把握；只有一般的胜利把握还不行，必须要有"全胜"的把握才能进行战争。因此，他要求战争指导者尽最大的努力，创造最好的条件，争取以最小的代价、最快的速度，取得完全的胜利。

1. "先胜而后求战" 是达到 "全胜" 的前提

孙武要求战争指导者，要在战前对决定战争胜负的"五事"（道、天、地、将、法）、"七计"（主孰有道？将孰有能？天地孰得？法令孰行？兵众孰强？士卒孰练？赏罚孰明？）进行全面的分析比较，只有这样才能准确地了解敌我双方力量的优劣，因而也才能依据所了解的情况，制定夺取战争胜利的指导方略。所以他说："未战而庙算胜者，得算多也，未战而庙算不胜者，得算少也"。这就是孙武"知彼知己"，综合分析对比敌我力量的"庙算"知胜的思想。

孙武认为，为了做到"知彼知己"，除了善于通过各种征候"相敌"（即分析观察有关敌军的各种现象和动向）外，还要获得可靠的情报，派遣各种间谍潜入敌军内部，进行各种侦察，而且不被敌人发现。孙武十分重视依靠间谍了解敌情，把"用间"提到了"三军所持而动"的战略地位。

孙武在其"先胜"而后求战的思想指导下，要求战争指导者在战前要千方百计地消灭自己的弱点，使敌人无隙可乘，无懈可击，立于不败之地，做到"先为不可胜，以待敌之可胜"。所谓"先为不可胜"，就是要树立随时准备作战的思想，对敌人不能存在侥幸的心理，要做好一切准备，使敌人的进攻无法得逞，并且以自己的备战措施，挫败敌人的进攻。在思想上提高警惕、常备不懈之后，还要在军事部署上，拟定周密的作战计划，考虑多种击败敌人的作战方案，这样就不怕敌人的突然袭击了。

2. 争取主动是达到"全胜"的必要条件

孙武提出"善战者，致人而不致于人"，就是要求善于指挥作战的人，能够调动敌人而不被敌人所调动。这是两千多年前孙武所说的争取主动避免被动的军事名言。这一名言历来受到兵家的重视，唐朝著名的军事家李靖，在《李卫公问对》中就曾经说过，《孙子兵法》千章万句，不外乎"致人而不致于人"。

在战争中要争取主动、避免被动，对于实力优势较大的军队来说并不难做到，只要指挥无误，官兵善战，自然就能把握住战争中的主动权。对于实力并不处于优势的军队来说，要想争取主动，避免被动，就不那么容易了。但是，如果战争指导者能够正确进行指挥，恰当地部署和使用兵力，就可以造成一种有利于己、不利于敌的主动形势，这就是《孙子兵法》中所说的"任势"。孙武认为，要使军队的战斗力能充分发挥出来，真正做到出奇制胜，就要使部队处于"势险"、"节短"的状态。所谓"势险"，是指军队具有高速机动的速度，这种速度如"激水之疾"，它所产生的威力"至于漂石"，能把巨石般的敌人冲垮，这种军队蓄积和蕴育着极强的战

孙武画像

斗力，如同拉满的弩机，紧张的弓箭，一扣动扳机即能将箭发射出去。要使具有这种极强战斗力的军队，产生强大的作战效果，就要使这种战斗力在极短的时间和距离内，以突发的冲击形式爆发出来，使敌迅雷不及掩耳，措手不及，这就是孙武所说的"节短"。他用"鸷鸟之疾，至于毁折"的形象比喻，要求枕戈待战的军队，在发起冲锋时，要像雄鹰在短距离内搏击小鸟那样，使敌束手就缚。

造成我之主动、敌之被动的形势，不但要使自己的军队蓄积极强的战斗力，具有突发的冲击形势，而且要使敌军陷于被动挨打的不利形势。孙武认为，要使敌军处于被动挨打的形势，就要采取"动敌"—即调动敌人的手段，使本来不易歼灭的敌人，成为可歼灭的敌人。为此他提出：对于深沟高垒的敌人，要采取"攻其所必救"的战法，把敌人调出来在野战中消灭它；对于急功冒进的骄横之敌，要先"避其锐气"，消磨其锋芒，使之疲惫，而后"击其惰归"，将其歼灭，对于盲目来攻的敌人，则诱使其改变进攻的方向，使之"不得与我战"，而后我可寻机将其歼灭。

除了"动敌"之外，孙武还采取了"示形"的办法，争取主动摆脱被动。孙武说的"示形"，包括着"形人而我无形"两个方面的内容。"形人"，就是要造成种种假象去迷惑敌人，诸如"能而示之不能，用而示之不用，近而示之远，远而示之近"，使敌人发生错觉，采取错误的行动，把军队拖垮，使官兵疲惫，让敌之真相暴露无遗，为我提供歼敌之机。所谓"我无形"，就是要隐形匿迹，深深地隐蔽自己的意图，达到"深间不能窥，智者不能谋"的地步，这样就能增大己方进攻的主动性和突然性，扩大敌人的被动性和盲目性，就可以"动而不迷，举而不穷"。

"避实击虚"、"以众击寡"，是孙武关于集中兵力，造成相对优势，取得作战主动权，战胜敌人的精彩论述。孙武用"水之形，避高而趋下"的生动比喻，要求战争指导者，指挥自己的军队，"避实而击虚"，攻击敌人防御薄弱之点，造成"兵之所加，如以碫投卵"的凌厉攻势，迅速歼灭敌人。

3. 灵活多变的战法是达到"全胜"的重要手段

有了充分的准备和取得一定的主动权后，并不等于已经取得了胜利，如果战法呆板，照样不能打胜仗。所以孙武说："兵无常势"，如同"水无常形"一样，只有"能因敌变化而取胜者"才可以说用兵是入了"神"。孙武所说的灵活多变的作战指导，主要表现在正确使用兵力和灵活多变的战法两个方面。

在正确使用兵力方面，他要求战争指导者要"识众寡之用"，根据敌我兵力对比倍数的不同，采取不同的打法。如"十则围之，五则攻之，倍则分之，敌则能战之，少则能逃之，不若则能避之"，对于不同情况的敌人，采取不同的手段："利而诱之，乱而取之，实而备之，强而避之，怒而挠之，卑而骄之，逸而劳之，亲而离之"；远途奔袭时，要"并敌一向"，撇开次要敌人，攻击主要目标，这样就可以"千里杀将"；在兵力部署上，要如同常山之蛇，"击其首则尾至，击其尾则首至，击其中则首尾俱至"，做到灵活机动，互相策应。

在战法变换方面，孙武主张"奇正"多变。他认为，虽然打仗的一般规律，总是用"正兵"当敌，用"奇兵"取胜，但是奇正之变，就像宇宙的万事万物那样变化无穷。他要求战争指导者，战法要灵活变化，计谋要不断更新，使敌无法识破我在军事部署上奥妙机密之所在；驻军常换地方，进军多绕迂路，使人不能猜测我的意图。这样就能稳操胜券了。

此外，《孙子兵法》还主张"因粮于敌"，并对不同的天候、不同的地区、不同的地形，提出了变换战法的一系列措施，对水战、火战、山地战的战法，也有一定的论述。

4. 良将精兵是达到"全胜"的根本条件

孙武在《孙子兵法》开卷的《计篇》中，把"智、信、仁、勇、严"的良将，以及训练有素、赏罚分明、令行禁止、战斗力强的精兵，看做是决定战争胜负的重要因素，是达到"全胜"的根本条件。

孙武关于争取战争"全胜"的种种论述，无一不同贤良将帅的指挥才能和精神素质有关。因此，他对将帅提出了"智、信、仁、勇、严"五条要求："智"，多谋善断；"信"，赏罚有信；"仁"，爱护士卒；"勇"，勇敢坚定；"严"，明法审令。孙武把"智"放在首要地位，表明他对将帅指挥才能的重视。孙武认为，两军相争，较量智谋为先，角逐实力为次，作为一个贤良的将帅，必须对关系战争全局的大事有深刻的了解，能明察事理，多谋善断；对于整个作战过程要善于分析判断，考虑利害得失，定下正确的决心；对于敌我双方的情况，必须有透彻的了解，既不可明于知己而暗于知彼，也不可明于知彼而暗于知己，只有知彼知己，才能百战不殆；要想尽一切办法，消除自己的弱点，不为敌所乘；必须尽一切可能，暴露敌人的弱点，寻机歼灭敌人；对于复杂多变的战场，要能"通九变之利"，做出灵活的处置；对于不同情况的敌人，要能"因敌变化"而"料敌致胜"。

孙武认为，训练有素、赏罚分明、令行禁止、战斗力强的军队，是夺取战争"全胜"的主要条件。因此他极为重视治军练兵。他认为将帅要爱护士卒，要"视卒如婴儿""视卒如爱子"，使士卒亲附，为使用他们创造条件。但是，如果士卒亲附而不能用，厚待而不能使，那就如同溺爱的骄子一样，不能用以作战，因此孙武要求对士卒必须"令之以文，齐之以武"，进行严格的训练，对他们明法申令，治乱去骄，使之畏服，听从指挥。

《司马法》 及其思想

春秋末年以后，封建兼并战争日趋激烈，各国统治者深感人才在治国安邦方面的突出作用，于是社会上礼贤下士、广招宾客成风。作为知识分子的"士"这个阶层的许多人，有的虽然出身贫寒，但都凭借一技之长，出将入相，成为春秋战国时期的风云人物。司马穰苴便是其中的佼佼者。

据《史记·司马穰苴列传》记载，司马穰苴为春秋末年齐国人，与孙武基本生活在同一时期，本姓田，只因为被齐景公封为大司马后，人们便以官职来称呼他，田穰苴变成了司马穰苴。关于穰苴的生平，史书上记载很少，许多事情已无法考证，但他不徇私情、执法如山的一个小故事却流传下来，使后人无不肃然起敬。

公元前531年，晋、燕两国发兵攻占了齐国的部分地区，齐军节节败退，情况十分危急。齐景公一时束手无策，急令手下的大臣推荐有才能的将领。相国晏婴力保穰苴，得到景公恩准。穰苴上殿接受任命，但提出一个请求：我出身于布衣百姓，人微言轻，恐众人不服，希望大王派身边的亲近大臣来做监军。景公允诺，指派庄贾为监军。

第二天，穰苴一大早来到军营，命人树起一根测量日影的表杆，以掌握时间，自己则在帐中等候庄贾的到来。直到太阳西斜，满脸醉意，东倒西歪的庄贾才来到营中。原来，这位庄大夫被景公宠幸，平时就跋扈惯了，岂能把小小的穰苴放在眼中？因此临行前他在家中大摆筵宴，与亲友推杯换盏，好不热闹，早把按时报到的事抛到了九霄云外。穰苴知道事情的原委后，厉声问军法官："不按时报到的将士该当何罪？"回答："律当斩！"庄贾闻听此言，惊出一身冷汗，慌忙命人报景公来救，但哪里还来得及呢，只听一声令下，他的项上人头已滚落于地。不一会儿，景公使者的马车闯过营门疾驰而来。穰苴接敕令在手，对使者说："将在军，君令有所不受。"又回头问军法官："在营中驾车乱闯者该治何罪？"答曰："罪当斩。"使者吓得体若筛糠，连声求饶。穰苴说："念你是国君派来的可以不杀，但军法必须执行。"于是，杀了使者的仆从和左边的驾马，以作为替代，并晓示全军。这一行动使齐军上下大为震动，经过整顿，原来纪律松弛、目无法规的齐军面目为之一新。穰苴将军体恤士卒，与之同甘共苦，得到了众人的拥戴。不久，齐军收复被晋、燕夺占的土地，穰苴也因战功被任命为掌管全国军事的重要官员大司马了。

我国著名的兵书中，有一部《司马穰苴兵法》，有些人认为它是齐国大司马穰苴所著。但据《史记》记载，司马穰苴死后大约100多年，正是齐威王当政之时。威王曾召集属下迫辑古代的《司马兵法》（明代人刘寅认为是西周时期掌邦政、统六师的大司马之法），并把司马穰苴的论述融汇其中，而成《司马法》155篇。但今本只存5篇，分别为仁本、天子之义、定爵、严位、用众。其中，哪些是司马穰苴的论述今天已经不得而知。《司马法》的内容大致有以下几个方面的论述。

第一，对待战争究竟该持何种态度呢？《司马法》认为：只要是为正义的战争，"杀人安人，杀之可也；攻其国，爱其民，攻之可也；以战止战，虽战可也"（《司马法·仁本第一》）。同时认为，国家虽大，穷兵黩武者必亡；天下虽安，高枕无忧者也将遗患无穷。古人从历史经验和自然的道德观出发，对战争的正义和非正义已有了朴素的认识，曾得到后人的高度评价。但这些观点也往往成为后来的反动统治集团对外掠夺，对内镇压的口实。

第二，《司马法》关于治军的思想核心可以用"礼、仁、信、义、勇、智"六德来概括。即"古者逐奔（战阵追击）不过百步，纵绥（战场逐敌）不过三舍（九十里），是以明其礼也；不穷不能（不穷人力，不强人之所不能）而哀怜伤病，是以明其仁也；成列而鼓，是以明其信也；争义而不争利，是以明其义也；又能舍服（免降者之罪），是以明其勇也；知终知始，是以明其智也"（《司马法·仁本第一》）。并提出兴兵时"不违时"、"不历民病"、

"不加丧"、"不因凶"、"冬夏不兴师"等爱民之举。在这里，古人已清醒地认识到民众的好恶是决定战争胜败的重要因素，因此提倡在农闲时兴师伐罪，以免耽误农忙，造成百姓生活困顿。在进入敌国作战时，也必须纪律严明，以赢得敌国百姓的同情；在作战时机的选择上，应该不趁敌国丧乱、灾难之时发动战争，不进攻未成列的敌人等。这使我们想起春秋早期，即周襄五十四年（前638年）之夏，在泓水（今河南柘城北）楚、宋间发生的一场战斗。

当时，宋军先在泓水北岸布好了阵势，静等楚军渡过河来交战。司马公孙固主张趁楚军半渡击之，但宋襄公认为那样做不是"仁义之师"所为，直到楚军从容布好阵后才下令进攻，结果宋军大败，襄公也受重伤，不久死去。

正是由于《司马法》中也反映了这种"不鼓不成列"的所谓仁义思想，所以有人把《司马法》说成是西周"仁义之师"的兵法。但是，书中也提出乘敌犹疑、仓卒、受挫、谋划不定时袭击敌人的原则。这些都表现出春秋末年到战国时以诡道用兵的思想，也从一个侧面反映了《司马法》是在战国中期的情况，加入了当时人的一些体会。

第三，在作战指导原则方面，《司马法》中提出"凡战正（政令）不行则事专（专制），不服则法（绳之以法），不相信则一（齐一法令）。若怠则动之，若疑则变之，若人不信上则行其不复'坚决执行号令，使众人行之不可反复），自古之政也，"（《司马法·定爵第三》）在对敌作战时，全军的精神面貌，尤其是士气是否高涨直接影响着作战的胜败。即所谓"凡战，以力久，以气胜"、"本心固，新气胜"（《司马法·严位第四》）。古人把致胜分为治力、治气两种途径。以近待远，以逸待劳，以饱待饥，为治力；避其锐气，击其堕归，为治气。力不全不可以持久，气不勇不可以制敌。本心固，新气胜，是讲众士爱国之心盛时，众志成城，即《孙子》所谓能守人之本，心则固，能振作兵之新气则胜。此外，"顺天、阜财、怿众、利地、右兵"，也是作战时必须考虑的问题。打仗要讲求天时、地利、人和，讲求广集财富，重视兵器的配备和使用。如在兵器的应用上，《司马法》提出："兵不杂则不利，长兵以卫，短兵以守。太长则难犯（击敌不便），太短则不及。太轻则锐，锐则易乱（变乱）。太重则钝，钝则不济"（《司马法·天子之义第二》）。

在临敌作战时，则根据敌我双方的具体情况料敌察机，如"众寡以观其变，进退以观其固，危（威胁）而观其惧，静而观其怠，动（佯动）而观其疑，袭而观其治"（《司马法·用众第五》），从这些方面找出薄弱环节，以实捣虚，并力争主动。《司马法》把兵力众寡、强弱，部队行动快慢，浅进还是深入等概念用"轻重"来阐述，指出"轻重"是相对的，因此不能墨守成规。用朴素的辩证法思想去看待问题，这在古代是难能可贵的。

书中对夏、商、周三代军制沿革的论述，成为后世学者注解古籍的根据。宋、明、清时凡参加武举考试者，就必须把《司马法》作为必修课目之一，足见历代对它的重视程度。

《吴子兵法》 的军事思想

吴起兵法》大概成书于吴起作西河郡守之时。据史籍记载，吴起还著有《吴起玉帐阴符》3卷、《吴起教战法》等书，流传至今的只有《吴起兵法》。现在看到的主要是《续古逸丛书》影宋本及明、清刊本，有图国、料敌、治兵、论将、应变、励士6篇，分为上、下两卷。

《吴起兵法》产生于中国奴隶社会向封建社会的大动荡、大变革的时代。任何时代新的军事思想、理论，都是该时代新的社会经济的发展在军事领域

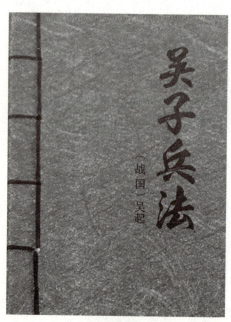

《吴子兵法》

的反映。战国时期由于铁器的使用，生产力得到了很大的提高，尤其是钢铁兵器运用于战场，提高了杀伤力，增加了部队的战斗力。武器装备的进步，不仅促进军队的编组、战斗队形、作战方式等方面的变化，同时它也是军事思想不断发展的物质基础。《吴子兵法》中博大精深的思想内涵，正反映了战国时期军事思想的时代特征。

第一， "内修文德，外治武备"的战略指导思想。所谓"文德"，就是"先教百姓而亲万民"，其中心只围绕着一个"和"字，而"和"的实质便是政治开明、国内团结。如果有四不和，则不能出兵，如"不和于国，不可以出军；不和于军，不可以

出陈（同"阵"）；不和于陈，不可以进战；不和于战，不可以决胜。是以有道之主，将用其民，先和而造大事"（《吴子·图国》）。吴起总结出"文德"的四个方面——"四德"，即道、义、礼、仁，提出"圣人绥之（安定国家）以道，理之以义，动之以礼，抚之以仁。此四德者，修之则兴，废之则衰"（《吴子·图国》）。因为这"四德"符合新兴地主阶级的道德规范，只要修好它，便能达到"四和"，即和于国、和于军、和于阵、和于战。君主在施政时，还要注意选贤任能，打破世卿世禄制，使"贤者居上，不肖者处下"，使"民安其田宅，亲其有司"，保障生产的发展和国家的稳定，此所谓"百姓皆是（拥护）吾君而非（反对）邻国，则战已胜矣"（《吴子·图国》）"武备"不仅仅指武器装备，还包括精练的士卒。吴起主张在强大的常备军基础上，再选练一支精锐的骨干力量，即"聚卒练锐"把"民有胆勇气力者，聚为一卒；乐以进战效力；以显其忠勇者，聚为一卒；能逾高超远、轻足善走者，聚为一卒；王臣失位而欲见功于上者，聚为一卒；弃城去守欲除其丑者，聚为一卒"（《吴子·图国》）。当时每卒平均有100人，共得"练锐"3000人左右，君主凭借这支力量，内可以突破敌军包围，外能够攻克敌人的城邑。吴起还总结出一套战法的训练方式："以近待远，以逸待劳，以饱待饥。圆而方之，坐而起之，行而止之，左而右之，前而后之，分而合之，结而解之。每变皆习，乃授其兵（兵器）"（《吴子·治兵》）。

　　吴起对政治与军事的关系认识颇为深刻。有一次，吴起和大臣们陪魏武侯乘船在黄河上视察，武侯面对壮美的山川，自负地说："凭着如此险固的山河，我魏国还有何后患可忧？"站在一旁的吴起马上指出：国家的强盛完全在于德政。如果君王只重视山河等外在防御体系的坚固，而忽略德政，那么这条船上的人大概都会变成敌国的人了。这件事可谓吴起文武兼备思想的具体体现。

　　第二，"以治为胜"的思想。"治"，即训练有素，使士卒进退举止都能循规蹈矩，并严格按军令从事。一次，吴起率西河魏军与秦军对阵，两军尚未击鼓交锋，一名魏军士卒便按捺不住，冲进敌阵斩杀了两名敌人，并携带首级回归本阵。吴起见状大怒，令人把这名士卒推出斩首。他对周围的人说：此人虽然勇敢，却无视主帅的将令，擅自行动，岂有不杀之理。这就是遵法者赏，违令者罚，为将者必须言而有信。

　　战国时，由于铁兵器及强弩的运用，杀伤力大为提高，机动不便的战车和行动迟缓的车兵地位下降，而步、骑兵的作用却越来越大，但他们使用的武器还是剑、戟、矛、弩之类。近体白刃战要求士卒必须有过硬的技能，因此，吴起认为"夫人常死其所不能（不会，指没有杀敌技能），败其所不便（不熟练）。故用兵之法，教戒（教育训练）为先。一人学战，教成十人；十人学战，教成百人；百人学战，教成千人；千人学战，教成万人；万人学战，教成三军"（《吴子·治兵》），使全军战斗力提高。此外，还注意发挥士卒各自的特长，如让"短者持矛戟，长者持弓弩，强者持旌旗，勇者持金鼓，弱者给厮养（杂役勤务），智者为谋主"（《吴子·治兵》）。并把同乡同里的人编在一起互为担保，一方面便于管理，另一方面也加强了部队的凝聚力。熟悉军中信号和掌握养马技术也是士卒训练的课目之一。

吴起对将领的要求十分严格，指出"夫总文武者，军之将也……得之国强，去之国亡，是谓良将"（《吴子·论将》）。为将者单凭勇敢还远远不够，必须谨慎的有五点：一曰理，二曰备，三曰果，四曰戒，五曰约。理者，治众如治寡；备者，出门如见敌；果者，临敌不怀生；戒者，虽克如始战；约者，法令省而不烦"（《吴子·论将》）。作为将领，除了文武兼备，能使属下信服外，还要能与士卒同甘苦、共安危，使之乐于为己效死力。

第三，根据敌情，审时度势，用不同的对策打击敌人。如书中具体地指出了对齐、秦、楚、燕、韩、赵六国的作战方式。可以从中看出，这完全是站在魏国立场上制定的，也说明《吴起兵法》全书，或者是部分章节完成于吴起在魏国任将帅之时。

第四，看准战机，猛攻敌之薄弱环节，即"审敌虚实而趋其危"。书中指出有 8 种情况不需要进行仔细的筹划就可以发起攻击，如敌军将吏没有威信，军心动摇，三军数次遭到惊恐又没有援助等。在 6 种情况下要"避之勿疑"，如"土地广大，人民富众"等。有 13 种情况为"可击之道"，要抓住战机，及时出击，否则稍纵即逝，悔之不及，如"敌人远来新至，行列未定可击"（《吴子·料敌》）。这些具体的规定，能使将领在遇到同类问题时增加机断处置的能力。战前对敌将的才能、品行、性格进行了解，根据其弱点设谋，也是取胜的重要手段。

总之，《吴起兵法》在战国时与《孙子兵法》齐名，曾对当时诸侯间的兼并战争产生了很大的指导作用。

《尉缭子》 的思想内容

《尉缭子》是我国古代著名兵书，最早著录于《汉书·艺文志》，唐代魏徵将其收入经邦治国的《群书治要》之中，北宋时编入《武经七书》。从此成为武学策试必读之书，对后世影响极大。

关于《尉缭子》一书，有四个争议较多的问题。一是关于该书的作者问题。本书第一句有"梁惠王问尉缭子曰"，故许多人认为尉缭为梁惠王时代的人。《史记·秦始皇本记》有："十年……大梁人尉缭来，说秦王曰"，故又有许多人认为尉缭为秦始皇时代的人。在此二说的基础上，又有历史上的两个尉缭说，其实为一人说。细观全书，笔者认为第一种说法提取众多内证，目前学术界多数人认为尉缭为梁惠王时代的人，故本书的作者应是梁惠王时代的尉缭。二是关于本书的成书时代。《汉书·艺文志》说成书于"六国时"；南宋陈振孙认为《尉缭子》非先秦兵书；明清以后有人认为《尉缭子》为伪作；当今有人认为历史上有杂家《尉缭》29篇，兵家《尉缭》31篇，此两种书在流传中均有散佚，宋神宗诏校《武经七书》时，将两部书的残本合在一起，即今本《尉缭子》。1972年《尉缭子》残简在山东临沂银雀山汉墓中出土，其内容与今本大体相同，故学术界多数人认为此书大约成书于战国时代，抄写流行于秦汉之际。三是《尉缭子》的学术流派归属。有人认为《尉缭子》为杂家，有人认为《尉缭子》属兵家。其实战国时代的许多思想家，兼收并蓄，思想很复杂，只能以其基本思想倾向为准。《尉缭子》一书主要论述了军事问题，涉及到一些政治、经济、法律等问题，显示了作者受到儒家、法家、杂家的思想影响，但其主导思想，仍是言兵，故本书仍应列为兵家之属。四是《尉缭子》一书的流传。如前所言，秦汉时《尉缭子》以手抄流传，《汉书·艺文志》有记载。隋唐时，《尉缭子》甚为时人重视。虞世南《北堂书钞》摘引《尉缭子》10余处，《李唐问对》中多次提及《尉缭子》，魏徵编纂《群书治要》，选录《尉缭子》中《天官》、《兵谈》、《战威》、《兵令》四篇，晚唐杜牧曾引《尉缭子》注《孙子》。北宋元丰年间，《尉缭子》入选为"武经七书"之一，从此，《尉缭子》为武学必读之书，研究者甚多。清代学者朱墉甚至说："七子论兵，人人挟有识见，而引古论今，学问博洽，首推尉缭，"可见《尉缭子》一书影响之大。

关于本书的思想内容，时人研究者甚多。简介如下：

第一，作品反映了如何富国强兵的战略思想。作品认为：治且富之国，"车不发轫，甲不出橐，而威治天下矣"，是治国安邦的最高境界。而要想富国强兵，必须加强法制，"修吾号令，明吾赏罚，使天下非农无所得食，非战无所得爵，使民扬臂争出农战，而天下无敌矣"。这种以奖赏激励人民勤于耕战的做法，带有鲜明的法家思想意识。作者又认为，要富国强兵，必须注重举贤任能，"举贤任能，不时日而事利，"天时不如地利，地利不如人和，圣人所贵，人事而已，作者甚至认为，没有贤人帮助，即使战胜敌人也会使国家更加削弱，虽然拥有了土地，也会使国家更加贫穷，因此，必须充分重视人才的使用。作者还认为："务耕者其民不饥，务守者其地不危，务战者其城不围，理顺了发展生产、修筑城池、扩军备战三者的关系，把军事当做治国安邦、发展经济的重要手段。综上所述，可以看出作者的治国思想，实际上吸收了儒家、法家、思想之精华，有一定的理论意义和较高的实用价值。

第二，作品反映了如何不战而胜的战略思想。作品认为："凡兵，有以道胜，有以威性，有以力胜"。能以"道胜"，方为用兵作战的最高境界，即"不战而胜，善之善者也"。为达到不战而胜的目的，首先，必须在政治上取得优势。"故兵者，所以诛暴乱，禁不义也。兵之所加者，农不离其田业，贾不离其肆宅，士大夫不离其官府，由其武议，在于一人。故兵不血刃而天下亲焉"。这段论述虽然带有浓重的理想主义成分，但作品点明了政治与军事的关系，只有正义的战争，才能不战而胜。其次，必须提高国民的思想素质，增强国家的经济实力。作者认为："国必有礼信亲爱之义，则可以饥易饱；国必有孝慈廉耻之俗，则可以死易生。"也就是说，在一定条件下，精神力量可以转化为物质力量。作者又认为："委积不多，则士不行"，"备用不便，则力不壮"。若要做到粮草充足，武器精良，必须实行耕战结合，寓兵于农。国民素质提高了，经济发达了，自然可以不战而胜了。

第三，作品反映了如何克敌制胜的战略思想。首先作者重视战前的准备工作，不打无准备之仗。强调"权敌审将而后用兵"，"凡兴师，必审内外之权，以计其去，兵有备阙，粮食有余不足，校所出入之路，然后兴师伐乱，必能入之"。其次，作者强调以法治军，奖赏分明，做到"赏如日月，信如四时，""为将忘家，逾垠忘亲，指敌忘身"。为此制定了一整套部队训练的方法、步骤，行军作战的管理、纪律、指挥系统的信号使用等等，以提高部队的军事素质。再次，作者注重采用灵活机动的战术，提出"正兵贵先，奇兵贵后，或先或后，制敌者也"。"善御敌者，正兵先合，而后扼之，此必胜之术也"。兵无常法，战无常道，能掌握奇正之术，方可言兵。最后，作者十分重视将帅的品德及修养。一位优秀的将领，除了能征善战、体恤下级、执法公正等品质外，尤其应该大公无私，只有"能无私于一人，故万物至而制之，万物至而命之"。综上所述，战争是一项复杂的系统工程，要多侧面、多角度、多层次地分析战争胜负的原因，才能得出正确结论。这方面，《尉缭子》已给我们提供了范例。

第四，《尉缭子》一书关于哲学问题的思考。《尉缭子》是一部优秀的兵书。但作品在许多方面都涉及到哲学命题，反映了作品朴素的唯物史观。如作品提出"天官时日，不若人事"，实质批判了唯心主义的天命观。作者又说："兵者，以武为植，以文为种。武为表，文为里。"实质上阐述了军事与政治的关系，具有一定的思辩意识。作者又说："战者，逆德也。""战国则以立威，抗敌相图，而不能废兵也。"这是在阐述战争的辩证法。总之，《尉缭子》的哲学思想，在我国哲学发展史上，占有重要的位置。

《尉缭子》的思想内容十分丰富，深受历代兵家学者重视。即使在今天，这部古老的兵书仍有一定的价值，尤其是当我们剔除了那些以重刑、杀戮、连保手段来维持军纪等糟粕后，必将更能为现实服务。

《孙膑兵法》 的奇正、 虚实思想及其哲理

奇正和虚实是《孙子兵法》中的重要思想观点。作为孙武的后裔，孙膑在这方面继承了祖先的思想，并有所发挥，形成了独到的见解。

《孙膑兵法》中的《积疏》和《奇正》包含了丰富的军事辩证法思想，是孙膑对大千世界的哲理认识在军事上的反映，确能给人以深刻的启迪。首先，从哲学的角度来认识天地万物的存在形式、本质及运动规律。"有胜有不胜，五行是也。有生有死，万物是也。有能有不能，万生是也。有所有余，有所不足，形势是也。故有形之徒，莫不可名。有名之徒，莫不可胜，故圣人以万物之胜胜万物，故其胜不屈"。仔细揣摩这些话，觉得里面包含着深刻的智慧。作者认识到世界万物是由五种主要物质构成的，这些由五行产生的万物无不存在着形象、数量、大小、长短等外在形式，这些外在形式又因其

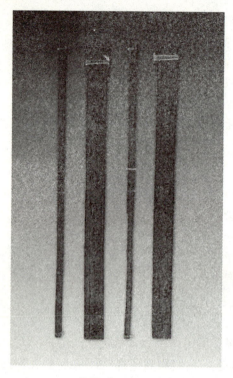

竹简《孙膑兵法》

物质的属性而具有"有所有余,有所不足"的本质属性,这种本质属性见之于外的表现形式就是"代兴代废"的生长规律。所以,天地之物,有形有名,有名有形之物,必有生有死,有兴有废,有余有不足,既能制别物,又必为别物所制,因此,作者通过观察大千世界的生存及发展规律,发现了物质世界的运动规律存在着一些相反相成的不同的形式,比方说"积"与"疏"、"盈"与"虚"、"疾"与"徐"、"众"与"寡"、"佚"与"劳"等,物质世界就是按照这种概念与方式在发展变化着。尽管孙膑关于物质世界的发展规律是用六组不同的概念表述出来的,并不全面,但说明当时人们对世界的观察已经上升到了理性思维的高度,人们已经懂得通过概念去认识世界的本质属性这一重要的哲学思想和辩证思维,因而是十分宝贵的。其次,《积疏》和《奇正》这两篇论述之所以充满了军事哲学的思维,不仅在于孙膑用哲学的辩证思维观察世界,而且还在于孙膑把这种辩证法思想、矛盾概念应用到军事上,以哲学演兵,这是最可贵的。历史上一切伟大的军事家之所以伟大,从思想的角度去认识,无不具备这方面的特点。孙膑认为,既然世界的万事万物均是由五行相生而构成,由五行相克而发展变化,因而具备有胜有不胜的特点,具有"有生有死,万物是也。有能有不能,万生是也。有所有余,有所不足,形势是也。故有形之徒,莫不可名。有名之徒,莫不可胜"的特点,同时还具有"积胜疏"、"盈胜虚"、"径胜行"、"疾胜徐"、"众胜寡"、"佚胜劳"的运动形式。这种互相矛盾对立的形式又都在不断发展、变化,并向相反的方面转化,具有"至则反,盈则败"的特征。那么,作为世间事物运动变化的形式之一的军事学当然也就充满着这种事物发展变化的根本特点,天地间一切事物的规律、特点、变化的法则及运动形式也完全可以用于军事学领域，所谓军事学的最高层次是哲学就是从这个角度来说的，即通过认识客观事物的运动形式去认识战争学的内涵。孙膑把它移植到战争学领域，提出了诸如"虚实""奇正"的理论，如："积故积之""虚故虚之""积疏相为变""盈虚相为变""疾徐相为变""众寡相为变""毋以积当积，毋以疏当疏，毋以盈当盈""积疏相当，盈虚相当，径行相当，疾徐相当，众寡相当，佚劳相当""积故可疏，盈故可虚""故善战者，见敌之所长，则知其所短；见敌之所不足，则知敌之有余""形以应形，正也；无形而制形，奇也"等等。通过分析这些包含"虚实""奇正"的概念，就可发现孙膑的"虚实"理论其实是由六组概念组成的，即"积故积之，疏故疏之""积胜疏""盈胜虚""积疏相为变，盈虚相为变""毋以积当积，毋以疏当疏""积疏相当，盈虚相当，积故可疏，盈故可虚"。理解了这六组概念的内涵，就能"知敌之长，知敌之短"，"知敌之不足，则知敌之有余"。应该说，这六组概念包括了"虚实""奇正"的所有内涵。《孙子兵法·势篇》所云的"奇正相生，如循环之无穷"，是指通过这六组概念去推演，使"奇正""虚实"的哲学原理更加具体化，更有可操作性。所以，不能不说这是孙膑对中国古代军事学里的"奇正""虚实"理论的伟大贡献。

"奇正"和"虚实"是春秋战国时期一组哲学概念，自从孙武把它引入军事学领域以后，历代军事学者对此都有论述。相比之下，孙膑的论述是较有特色的。《孙子兵法·势篇》云："治兵如治寡，分数是也；斗众如斗寡，形名是也；三军之众，可使必受敌而无败者，奇正是也。兵之所加，如以破投卵者，虚实是也。""味不达五，五味之变，不可胜尝也，战势不过奇正，奇正之变，不可胜穷也。奇正相生，如循环之无端。"《李卫公问对》卷上载李世民与李靖论"奇正"："若非正兵变为奇，奇兵变为正，则安能胜哉？故善用兵者，奇正人而已，变而神之，所以推乎天也"。"形人而我无形，此乃奇正之极致""善用兵者，无不正。无不奇，使敌莫测，故正亦胜，奇亦胜"。《十一家注孙子》之曹操注："己二而敌一，则一术为正，一术为奇；己五而敌一，则以二术为正，三术为奇"。梅尧臣注："奇正之变，犹五声，五色之变，无尽也"。李筌注："奇正相依而生，如环团圆，不可穷端倪"。《六韬·龙韬·军势》云："势因敌家之动，变生于两阵之间，奇正发于无穷之源"。上述这些观点都有一定的理论深度和思想意义。《孙子兵法》论奇正、虚实，立意最高，最有哲学概括的深度。李世民、李靖是从身经百战的军事统帅的角度认为奇正、虚实是临阵的随机应变之策，敌有形而我无形乃奇正之极致这种说法。曹操论奇正，着眼于术上立论，略显拘泥。梅尧臣、李筌、《六韬》之语因所述不多，内容略显空洞。而孙膑论奇正、虚实时，先着眼于万事万物的规律来论兵，形象而深刻，同时，通过"积故积之"、"疏故疏之"、"积疏相为变"等六种不同的变化形式来论兵家之奇正，既有理论深度，又有兵家的具体操作性，而且从根本上来说，古今战史在奇正、虚实方面的运兵演谋都没有超出这六组范畴。因此，孙膑的奇正、虚实之论尽管没有孙武那样高度的抽象性和普遍的原则性，可至少在中国古代的军事学领域，很少有人能达到这个高度。

 知识链接

决定战争胜负的五因素

古代兵家对战争胜败因素的分析是相当深刻的。《孙子兵法》中提出了决定战争胜负的五种因素："一曰道，二曰天，三曰地，四曰将，五曰法。道者，令民于上同意，可与之死，可与之生，而不危也；天者，阴阳、寒暑、时制也；地者，远近、险易、广狭、死生也；将者，智、信、仁、勇、严也；法者，曲制、官道、主用也。凡此五者，将莫不闻，知之者胜，不知之者不胜"。即一是政治，二是天时，三是地利，四是将领，五是法制。所谓政治，就是让民众认同、拥护君主的意愿，使他们能够做到死为君主死，生为君主生，而不害怕危险。所谓天时，就是指昼夜晴雨、寒冷酷热、四时气候的变化。所谓地利，就是指征战路途的远近、地势的险峻或平坦、作战区域的宽广或狭窄、地势对攻守的益处或弊病。所谓将领，就是将帅要足智多谋，赏罚有信，爱抚部属，勇敢坚毅，树立威严。所谓法制，就是指军队组织体制的建设，各级将士的管理，军需物质的掌管。这五个方面，作为将帅不能不充分了解。充分了解了这些情况，就能打胜仗。不了解这些情况，就不能打胜仗。

第二节
汉魏与唐宋兵书的思想

《三略》 所阐述的政治智慧

《三略》的政治谋略主要表现在任贤能、明赏罚、振军威、察众心、识奸邪。首先，作者论述了用贤、用人才对于国家的重要性，用人不当甚至会"国破家亡"。如何才能"致贤"呢？作者认为，如要网罗到人才，就必须"礼"与"赏"同时进行，因为"香饵之下必有死鱼"，没有"饵"，则鱼不至，所以，要得贤才必须有重赏；仅仅有重赏还不能得到贤才，因为贤之所

三顾茅庐

以为贤者，是有才能的"士"，有才能的人一般都很自尊，爱面子，对于这样的人不能像使唤仆人一样吆来喝去，必须要有"礼"，以示敬贤。所以，春秋时人们都强调"礼，国之干也；敬，礼之慎也，不敬则礼不行，礼不行则上下昏"，就表示出一种对人的尊重，中国古代政治家们之所以待人以"礼"的根本原因就在这里。尽管它与呼唤仆人那种颐指气使没有本质上的区别，但要别人为自己服务，通过"礼"的包装这一外在的形式之后，在价值形式上就有很大的不同了。古代政治家们都精通此术，三国时刘备三顾茅庐可算是典型代表。

其次，有了"礼"和"赏"这两样东西，人才就会来到身边，可作为君主还不能对自己的行为有所悔意，不可认为有失自己的尊严。如战国早期的魏文侯礼段干木时，仆人都认为人主这样做太过分了，但魏文侯并不认为自己的行为过分，反而认为自己应该这样做，因为行一善则天下认为皆善，从而使魏文侯"得誉于诸侯"。同时，国君也不能对丰厚的赏赐有所吝啬，否则，贤才就会离去。楚汉相争期间，为了争夺天下，刘邦与项羽展开了人才争夺战，可最终项羽的人才几乎都跑到刘邦那里去了，如韩信、陈平等。原因之一是项羽不愿重赏将士，即使重赏了，又后悔不已，把封印放在手中把玩，而不肯给予应得的将士，结果大失人心。所以，《三略》作者认为"礼""赏"人才、贤才时，君主不能后悔，必须要豁达大度，否则"礼而后悔者，士不止；赏而后悔者，士不使"，只有"礼赏不倦则士争死"。对于这一点，拿破仑说，他如有一吨勋章，就可以征服世界。潜台词是只要不断地犒赏有功之人，就能让他不断为自己卖命。法兰西雄狮之语恰与《三略》作者的思想吻合。

第三，在用人才、贤才方面，国君不仅要有"礼""赏"，还不能于"礼""赏"之后有悔心，要大度，同时还要根据其特点区别对待各种人才，即"清白之士，不可以爵禄得，节度之士，不可以威刑胁；故明君求贤，必观其所以而致焉"。这是非常有政治价值的经验之谈。自古以来，有多少君主在这方面遭到羞辱，吃了闭门羹，亦有君主为此得到千古良臣、武将及治国奇才。所以，《三略》作者总结道："致清白之士，修其礼，致节义之士，修其道，然后士可致而名可保。"

第四，君主要时刻保持善恶分明的良好形象，防微杜渐，不让各种恶的行为蒙蔽自己而堵塞贤路。《三略》作者认为，要得贤才的辅佐，除了"礼""赏"的手段之外，国君平时的所作所为也极为重要，它会直接影响天下贤士之心，对自己的成败影响巨大。在这方面，中国古代有作为的政治家、军事家十分注重自己的形象，十分注意自己平时的所作所为不要造成不良的社会影响。因为他们知道，只要君主在一件事情上有损自己"爱贤"的声誉，就会造成极坏的社会影响而使天下人才裹足不前。在这方面，历代有作为的政治家都有出色表现。《史记·燕召公世家》记载燕昭王为大夫郭隗"筑宫而师事之"，就是为收"死马尚五百金，而况活马乎"的社会效果。果然，燕昭王师事郭隗之后，社会效果极佳，各种人才云集燕国。"苏子闻之，从周归燕；邹衍闻之，从齐归燕；乐毅闻之，从赵归燕；屈景闻之，从楚归燕；四子毕至，果以弱燕并强齐"。建安二年（197年），刘备兵败下邳（今江苏宿迁县西北）后，只好投降曹操。刘备在社会上有"仁义之君"的美誉，尤其在士大夫知识分子当中更是有口皆碑。程昱对曹操说："观刘备有雄才而甚得众心，终不为人下，不如早图之。"曹操说："方今收英雄时也，杀一人而失天下之心，不可。"正因为君主平时尊贤爱贤的行为很重要，直接影响事业的成败，所以，《三略》作者总结道："废一善而众善衰，赏一恶而众恶归。"这确为政治智慧的至理名言。三国时期，刘备死时，告诫儿子刘禅"勿以恶小而为之，勿以善小而不为"，就是明白了"废一善则众善衰，赏一恶则众恶归"的政治道理。善衰则贤人远，贤人远则大恶至，大恶至则国家亡，这不仅是国君的任务、军事家的职责，而且对老百姓的"修齐治平"也有启发意义。

第五，国君需明白致贤才则路远，致小人则路近的道理，才能使自己夙兴夜寝，丝毫不会有所松懈。《三略》之《下略》云："千里迎贤，则路远；致不肖，则路近。"此话虽短，思想深刻。因为是贤才，有自身独特的价值取向，不会因人之喜而喜，也不会因人之怒而怒，国君要想罗致自己麾下并不容易，需有所周折，所以"路远"。小人才德皆无，投人君之所好，嫉贤妒能以售其奸，因为这些人投其所好，国君看着眼顺，听着耳顺，所以"路近"。这个"远近"不是距离上的"远近"，而是思想上的"远近"，国君如有不慎，松懈自己的进贤之心，就会被"小人"所入，左右自己的行为，以致最后与小人合流而害贤，所以"尊贤臣，远小人"乃国君的第一要务，不要被小人所蒙蔽、所欺瞒，才能"全功尚人，而下尽力"。对此，历史上的学者有深刻的论述。《战国策·燕策一》记载郭隗之语燕昭王曰：帝者与师处，王者与友处，霸者与臣处，亡国与役处。

诎指而事者，北面而受学，则百己者至。先趋而后息，先问而后嘿，则什己者至。人趋己趋，则若己者至。冯几据杖，眄视指使，则厮役之人至。若恣睢奋击，呴籍叱咄，则徒隶之人至矣。此古服道致士之法也。

在这段话中，郭隗把天下的人才根据其品性、才质与能力，分为"师""友""臣""役"几大类。如果国君要想成就"帝""王"之业，就应招揽"师""友"之类的人才，对于可以为国君"师""友"的人才，国君必须谦己而以"师"待之，即所谓"北面而受学"，这些人才会"至"；如果对其颐指气使，"眄视指使"，"呴籍叱咄"，即蛮横无理，像使唤仆役的态度去待人，那天下真正的人才就不会来到，来的只是"厮役"、"徒隶"之人。如果无才无德之人遍布国君左右，呼之成群，国君也无法依靠这些人去成就自己的事业，尽管在自己身边，即使"路近"，国君也要警惕；对于不在国君身边的贤人，即使"路远"，国君也要罗致身边，才能"全功尚人，而下尽力"，才能"与众同好"，才能"愿得其志"。所以，历史上真正的有为之君在使用身边的人时，同时又要警惕身边的人。

据史载，春秋早期的齐桓公为了成就霸业，屈己爱人，礼贤下士，不仅以曾要射杀自己的仇人管仲为相，而且对于任何没有身份的小人物也都礼贤有加。他为见一小臣，"三往而不得见"，左右曰："夫小国之贱臣也，君三往而不得见，其可已矣。"桓公曰："吾闻之，布衣之士，不敬富贵，不轻身于万乘之君……纵夫子不欲富贵可也，吾不好仁义不可也"，"五往而得见"。这是齐桓公早年千里迎贤，不以其路远的尊贤之举。可齐桓公到了晚年，则信用群小，被小人所包围，与刁竖等人为伍。齐桓公想吃蒸肉，刁竖把自己的儿子蒸了给齐桓公吃，因而获得了齐桓公的信任。可齐桓公刚一死，刁竖马上造成齐国内乱，致使齐桓公死在床上70天还未出葬，致使尸体腐烂。这又是齐桓公不识"不肖"之史证。齐桓公为此付出了代价。

第六，将领必须赏罚必信，才能使士卒用命。军队是执行政治任务的武装集团，因此，铁的军纪是胜利的基本保证，自古以来均同此理。将军之所以能指挥部队，是由于有号令；要战胜敌人，必须靠广大的士卒，而赏罚必信，才能使众。所以，《三略》认为"乱将不可以使军"。所谓乱将是不能以威令治军的怯懦之将，将乱则兵乖，乖兵则不能胜敌。

曹操 《孙子注》 的军事思想

曹操（155—220年）字孟德，小字阿瞒，沛国谯（今安徽亳州）人，东汉末年杰出的政治家、文学家、军事家、诗人。

曹操出生于一个显赫的宦官家庭。曹操的祖父曹腾，是东汉末年宦官集团十常侍中的一员。父亲曹嵩，是曹腾的养子。曹嵩的出身，当时就并不清楚，所以陈寿称他："莫能审其生出本末"，但也有人认为他是夏侯氏之子。曾先后任司隶校尉、大司农、太尉等官。曹操是曹嵩的长子，他"少机警，有权数"，自幼博览群书，善诗词，通古学。曹操也有过人的武艺。曹操"任侠放荡，不治行业"，未被时人所重，但素以知人名世的太尉桥玄一见曹操就大为惊奇，说："天下将乱，非命世之才不能济也，能安之者，其在君乎!"随之，桥玄又让曹操去拜访汉末主持"月旦评"的名士许邵，许邵评价曹操说："子治世之能臣，乱世之奸雄"。由此，曹操渐知名于世。

中平六年（189年），董卓进入洛阳，废少帝，立献帝刘协，后又杀太后及少帝，自称相国，专擅朝政。曹操见董卓倒行逆施，不愿与其合作，遂改易姓名逃出京师洛阳（今河南洛阳东北）。

曹操到陈留后，"散家财，合义兵"。组织起一支5000人的军队，准备讨伐董卓。献帝初平元年（190年）正月，关东州郡牧守起兵讨伐董卓，共推袁绍为盟主。曹操以行奋武将军的身分，参加讨伐董军。

关东诸军名为讨伐董卓，实际各自心怀鬼胎，意在伺机发展自己势力。不久，诸军之间发生摩擦，相互火拼。初平三年，司徒王允与吕布在长安定计杀掉董卓，关中也陷入战乱。是时，州郡牧守各据一方，形成诸侯割据的局面。

兴平二年（195年）夏，曹操整军于巨野（今山东巨野南）大破吕布军，后诛杀吕布。

建安五年，袁绍大军南下，与曹兵会战于官渡。最后曹操用降将许攸之计，亲率5000骑兵偷袭袁

曹操雕像

军粮仓。袁兵见军粮被烧而大乱，曹军乘势出击，袁绍败走。官渡之役奠定了曹操在北方的霸主地位。

在官渡之战胜利后，曹操用数年时间稳定北方和追击袁氏余党（绍兵败后不久病死）。建安六年（201年）在仓亭（河南管县东北）再次击破袁绍大军，并于建安十二年（207年）12月北伐三郡乌桓，彻底铲除了袁氏残余势力，基本统一了中原地区。

建安十三年（208年），成为东汉政权丞相。随后，曹操亲率大军南征刘表。同年，刘表死，次子刘琮继立。面对曹操如狼似虎的大军，刘琮决定出降，曹操轻易地接管荆州。可能因为荆州得来容易，曹操决定乘势东伐孙权。但孙权并非刘琮之流可比。

孙氏自孙策时已盘据江东，至今已人心归顺。加上长江天险，孙氏政权已有一个稳定基础。当孙权收到曹操东来的消息后，曾召开多次军事会议。会中主战和主降派展开了激烈的争辩。最后在周瑜和鲁肃的分析下，孙权决定出战。建安十三年12月，孙权大军在赤壁迎战曹军。周瑜用计火烧曹操军舰曹军大败。从此曹操无力大举南征。如果说官渡会战决定了曹操在北方霸主地位，那么赤壁兵败便是曹操只可称雄北方的一战。

此后，曹操虽曾多次在东吴边境挑起战火，但双方均互有胜败。同时刘备西定益州，自封汉中王。三国鼎立之势已成，连盖世雄主曹操亦再无力改变这个事实。

建安二十一年（216年），汉献帝册封曹操为魏王。于邺城建立魏国王宫，享有天子之制，获得"参拜不名、剑履上殿"的至高权力。建安二十五年（220年），曹操于洛阳逝世，享年66岁，谥号"武王"，葬于高陵。曹操一生未称帝，他病逝后，曹丕继位后不久称帝，追谥为"武帝"。

曹操在北方屯田，兴修水利，解决了军粮缺乏的问题，对农业生产的恢复有一定作用；用人唯才，网罗地主阶级中下层人物，抑制豪强，加强集权。所统治的地区社会经济得到恢复和发展。精兵法，著《孙子略解》《兵书接要》《孟德新书》等书。善诗歌，《蒿里行》《观沧海》等诗篇，抒发自己的政治抱负，并反映汉末人民的苦难生活，气魄雄伟，慷慨悲凉。著作有《魏武帝集》。

曹操博采兵、法、儒、道等诸家思想，并在实践中有所发展。他"博览群书，特好兵法，抄集诸家兵法，名曰《接要》，又注《孙武》13篇，"自作兵书十万余言，诸将征伐，皆以新书从事"（《三国志·武帝纪》注引裴松之《异同杂语》、《魏书》）。其著述大都亡佚，从其《孙子注》和存世的军事文书以及《三国志》等史书中，可窥其军事思想。

战争观：曹操认识到，军事斗争离不开政治形势的配合。要有足够的武装力量，才能拯救社会。不能像春秋时吴国夫差那样只凭武力，不注重政治；也不可以周朝诸侯徐偃王那样，以"仁义"代替用兵。他强调"兵以义动"（《三国志·武帝纪》），"示天下形势，以顺诛逆"。为赢得战争中的政治主动权，他挟天子以令诸侯，为除暴乱维护汉室而举义兵；为争取人心，占领河北后免难民租赋，又发布抑豪强兼并令，以使"百姓亲附，甲兵强盛"。著名谋士郭嘉颂扬他"奉顺以率天下，此义胜"。他认为经济的好坏，关系着战争的成败。军队无辎重、粮食、委积，"亡之道也"，因而吸取"秦人以急农兼天下，孝武以屯田定西域"（《三国志·武帝纪》裴松之注）的经验，大兴屯田，达到了足食强兵的目的。

治军思想：曹操抛弃儒家以礼治军的原则，认为"礼不可治兵"（《孙子注》），强调"吾在军中持法是也"（《曹操集·遗令》），注重以法治军。他针对汉末政失于宽的状况，"纠之以猛"，以使"上下知制"，"所是进之以礼，所不是正之以法"（《三国志·郭嘉传》裴松之注引《傅子》）。他"揽申、商之法术"（《三国志·武帝纪》），制定管理、训练等军事法规，如《军令》、《步战令》、《船战令》、《论吏士行能令》、《败军抵罪令》等，以维护军队的统一指挥，强化军队的战斗力。为保证法规的实行，主张严明赏罚，按法赏有功、治有罪，"明君不官无功之臣，不赏不战之士；治平尚德行，有事赏功能"，告诫诸将"赏功而不罚罪，非国典也"（《三国志·武帝纪》）。强调"诸将出征，败军者抵罪，失利者免官爵"。并"亲巡将士，明劝赏罚"，在公开场合，自己也不置之法外。为贯彻以法治军的思想。他特别注意军中司法官吏的选拔，认为"夫刑，百姓之命也。而军中典狱者或非其人，而任以三军死生之事，吾甚惧之。其选明达法理者，使持典刑"。（《三国志·武帝纪》）。曹操选将用人，主张破格求实。认为"将贤则国安"（《孙子注》），"今天下尚未定，此特求贤之急时"，因此，主张"举贤勿拘德行"，"举士勿废偏短"（《三国志·武帝纪》），唯才是举。他拔于禁、乐进等于行阵之间，擢张辽、张郃、徐晃等于俘虏营内，他们后皆战功卓著，成为名将。对有过失的"贤"才，往往任用如初。他还注意集众人之智指导战争，在兖州、官渡、邺城、当阳、渭南、襄樊之战等重大战事中，均听取和采纳将士的意见。为尽其才，他倡导广开言路之风，征柳城乌桓得胜回师，还重赏曾劝阻他出征的人。

谋略思想：曹操说："欲攻敌，必先谋"（《孙子注》）"。重视谋略是曹操军事思想的重要内容，也是他事业成功的重要保证。他能够"以弱为强者，非惟天时，抑亦人谋"（《三国志·诸葛亮传》）。他认为用兵"不可以祷祀而求，亦不可以事类而求"（《孙子注》），从而将其谋略思想建立在朴素的唯物论和辩证法基础之上，显示出求实、尚变两大特点。他推崇《孙子》，但要求诸将按他结合当时社会实际和实战经验编撰的新书指挥作战。视善变为用兵核心，其行军用师，"因事设奇，谲敌制胜，变化如神"（《三国志·武帝纪》裴松之注）。强调"兵无常形""兵无常势""兵之变化，固非一道"，只有灵活用兵，"以诡诈为道"，才能以变制胜。还说"若以险固为资，则不能应机而变化也"。他认为，诡诈的前提是知彼知己，只有在掌握了对方的兵力部署、战将强弱、地形险易、后勤保障等情况的前提下，进行全面综合的研究，才能制定出"因敌变化""盈缩随敌"的策略。他尤重视奇正、虚实变化，要求以"至实击至虚"。他的战争实践也体现出这一点。如对吴、蜀作战，或东攻西守，或东守西攻，皆依实际情况，将优势兵力集中于一方，形成"至实"形势。同时，常以分散、分化敌军的策略，致其"至虚"，从而各个击破。在中国军事史上，他以"诡诈"著称。

曹操的军事思想深受历代兵家和学者称道。《三国志》作者评价曹操"终能总御皇机，克成洪业者，惟其明略最优也"。其《孙注》，对后世兵学有深远影响。但由于受历史的局限，其军事思想也有唯心论和形而上学的杂质，虽以刑拨乱的成效显著，但有时强调刑罚过度。

《李卫公问对》 的军事思想

现存《李卫公问对》共3卷，分为上、中、下三部分，1万余字，记录了唐太宗与李靖问答98条次。内容丰富，多联系唐以前战例及太宗、李靖本人的亲身经历，参照历代兵家言论。围绕着夺取主动权、奇正、虚实、主客、攻守、形势等问题进行讨论，阐述其军事思想。清纪昀《四库全书总目提要》说："其书分别奇正，指画攻守，亦易主客，于兵家微言，时有所得"。

从现存的《李卫公问对》来
看，该书主要表现了李靖如下几个
方面的军事思想：

1. "致人而不致于人"的思想

李靖说，兵法"千章万句，不
出乎致人而不致于人已"。所谓
"致人而不致于人"，就是掌握战场
上的主动权，让敌人受制于己方，
而不让己方受制于敌方。李靖在书
中提出的奇正、虚实、攻守等，都
是为了实现"致人而不致于人"的

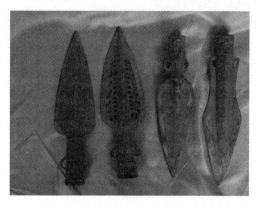

古代兵器

目的。也可以说李靖的整套战略战术都是围绕这一中心来设计的。客观地说，
这种"致人而不致于人"的思想并非李靖的首创，在《孙子兵法》等兵书中
都有反映，但都没有李靖强调得这么突出。

2. 奇正思想

"奇"与"正"是中国古代军事思想的一对重要范畴。自从《老子》提
出"以正治国，以奇用兵"后，《孙子兵法》提出了"凡战者，以正合，以
奇胜"，"战势不过奇正，奇正之变，不可胜穷"的观点，其他各兵家都对奇、
正问题提出了不同的看法和解释。

《李卫公问对》对这一问题的贡献和发展表现在一是进一步充实了奇、正
的内容，认为奇、正包含着丰富的内涵。例如，它认为，对敌进行政治声讨
是正，进行军事打击是奇；公开出兵是正，袭击是奇；主攻方向或主要防御
方向是正，助攻方向或次要防御方向是奇；前进为正，后退为奇等。二是提
出了"正亦胜，奇亦胜"的思想。《孙子兵法》曾提出了"凡战者，以正合，
以奇胜"的思想，而《李卫公问对》则认为，善于用兵的人，无处不是正，
无处不是奇。问题的关键在于怎样运用奇、正，只要运用得巧妙，用正兵也
能胜，用奇兵也能胜。它说："善用兵者，无不正，无不奇，使敌莫测。故正
亦胜，奇亦胜。"这就对《孙子兵法》中"以正合，以奇胜"的思想有了新
的发展，不再局限于"以奇胜"了。三是提出了"奇正相变"的思想。在
《孙子兵法》中，孙武已经论述到了奇、正之间的相互转化，《李卫公问对》
进一步说明了这一问题。它认为，如果把奇、正看成是相互分裂的两个方面，

"奇正素分""以奇为奇，以正为正"，那将是十分错误的，这是不懂得"奇正相变，循环无穷"的道理。所以，作为将领，"正而无奇，则守将也；奇而无正，则斗将也；奇正皆得，国之辅也"。仅有奇或仅有正，都有偏颇，只有将二者结合起来加以变化，才是完美的。四是把"示形"与奇正联系起来。所谓"示形"，就是将真实的目的、意图、行为藏而不露，让敌人看到的是假象，以达到欺骗敌人的目的。这一思想最早也是孙子提出来的。《李卫公问对》则把"示形"与奇、正联系起来，认为"示形"，就是用奇兵迷惑敌人，而不是用正兵。它说："故形之者，以奇示敌，非吾正也；胜之者，以正击敌，非吾奇也。此谓奇正相变。"通过"示形"，也就是把奇兵变为正兵，把正兵变为奇兵，"变化莫测"，使敌人不知虚实，无法了解真实情况。五是把奇正同虚实联系起来。"避实击虚"是《孙子兵法》的一个重要思想。《李卫公问对》也极其重视虚实问题，李靖说："孙武十三篇，无出虚实。夫用兵，识虚实之势，则无不胜焉。"他并且把虚实同奇正联系起来，说："奇正者，所以致之虚实也。敌实，则我必以正；敌虚，则我必以奇。"他还把奇正与分合联系起来，认为在其兵力使用上，不能过分分散，也不可绝对集中，而应"有分有聚，各贵适宜""兵散，则以合为奇；合，则以散为奇"。由上可知，奇正问题虽非李靖首先提出来，但他确实是有发展的。

3. 攻守一法，因情而动的思想

《李卫公问对》的这种思想表现在两个方面：一是攻守"同归于胜"。他说："攻是守之机，守是攻之策，同归于乎胜而已矣。"这就是说，相对于防御而言，进攻是防御的转机。防御对于进攻来说，是一种手段或策略。两者的目的都是为了取得胜利，殊途同归。是密不可分，相辅相成的。他认为，在战争中，敌我双方往往是一方处于守势，另一方处于攻势，反之亦然。他说："攻守一法，敌与我分为二事。若我事得，则敌事败；敌事得，则我事败。得失成败，彼我之事分焉。攻守者一而已矣，得一者百战百胜。"因此，不能把攻守看成是两种相互分割的作战形式，"若攻不知守，守不知攻，不惟其二事，抑又二其焉"。这就是说，在作战中，如果进攻时不知防守，防守时不知进攻，这样，不仅会把攻守看成是相互分割的两个方面，而且也会以为它们具有两种不同的目的。这就违背了"同归于胜"的原则。二是对《孙子兵法》"守则不足，攻则有余"的思想提出了新的解释。曹操在给《孙子兵法》作注时，把"守则不足，攻则有余"这一思想解释为"吾所以守者，力不足也；所以攻者，力有余也"。这主要是从己方力量的"不足"和"有余"来说明攻和守的。《李卫公问对》则认为："'守则不足，攻则有余'，便谓不足为弱，有余为强，盖不悟攻守之法也。"又说："'不可胜者，守也；可胜者，攻也'。谓敌未可胜，则我且自守；待敌守胜，则攻之耳，非以强弱为辞也。"李靖强调的不是己方力量的"不足"和"有余"。而是认为攻守与"敌未可胜"和"敌可胜"的关系。也就是说，当"敌未可胜"时，即使我力量有余，也不应盲目进攻，而要防守；相反，如"敌可胜"，即使我方力量不足，也要进攻而不应防守。这就把攻守策略的实施取决于己方力量转变为取决于是否有机可乘或成败的概率。同时，《李卫公兵法》强调要因情变化，将帅要根据战场上的情况，使敌"变主为客"，使己"变客为主"。当然，攻守中还要注意"心战"，进攻时，不仅要"攻其城，击其阵"，还要攻敌之心，瓦解士气；同时，不仅要"完其壁，坚其阵"，还要保持旺盛的士气。

《李卫公问对》还十分重视军队的管理教育和军事训练，强调将帅要深晓训练方法，提出分三个阶段训练军士，即由单兵到多兵，由分练到合练，由浅入深，循序渐进的训练方法。此外。该书对古代阵法布列、军事制度、兵学源流及教阅与实践的关系等一系列问题也进行了探讨。它从理论和实践上考辨八阵，认为八阵是古代的一种阵法，由五阵推演而成。其队形又可根据战场地形分布列为方、圆、曲、直、锐五种基本形态。这种考辨也是很有价值的。

综上所述，《李卫公问对》多处对《孙子兵法》的命题进行了阐发，丰富和发展了《孙子兵法》的思想。它在中国历史上产生了比较大的影响，在宋代被列入《武经七书》中，成为武科必读之书，今天仍有研究价值。

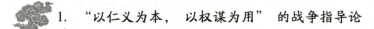 《武经总要》 的战争理论

《武经总要》是我国古代第一部官修兵学巨著，也是最早的军事百科全书，规模空前，内涵丰富，论述宽阔，具有较高的理论价值。

1. "以仁义为本，以权谋为用" 的战争指导论

曾公亮等人认为，自三代以来，都认为动用军队进行战争是不得已而为之的事情，但是要进行战争必须以"仁义为本，以权谋为用"。只有以仁义为本的国家，才能做到安抚民众，悦服豪杰，这样才具有战胜敌人的坚实基础。

统兵作战的将帅，只有以仁义为本，才能使三军亲附，使士卒得到安抚，这样才能使官兵乐于赴汤蹈火而求胜，勇于合生忘死而斩关杀将。

2. "择将重教"的治军论

曾公亮等人认为：要治理好军队，关键在于选择将帅和选拔士兵。选择将帅的关键在于"唯审其才之可用也"，即"不以远而遗，不以贱而弃，不以诈而疏，不以罪而废"。如果这样，就能做到知人而善任了，即所谓"能信在于能任，能任在于能用，能用在于能知"的道理。对于已经选择为将的人，还要在考验其才能后才能委以重任，即"远使之以观其忠，近使之以观其恭，繁使之以观其能，卒然问焉以观其智，急与之以观其信，委之以货财以观其仁，告之以危以观其节，醉之以酒以观其态，杂之以处以观

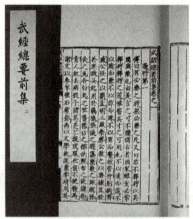

我国古代第一部官修兵学巨著——《武经总要》

其色"。经过考验合格者即委以重任，否则不可重用。

3. "器利而工善"的兵器制造论

曾公亮等人认为，能工巧匠必须要有锋利而适用的工具，才能制造出精致而适用的兵器；精兵只有使用锋利的兵器，才能战胜强敌。士兵如果没有精良的兵器，那就好像赤手空拳一样不能打击敌人。如果披着的铠甲不精致坚密，那就好像赤膊袒胸一样不能保护身体。如果弓弩的射程不够远，那就好像近战兵器一样不能杀伤远距离的敌人。发射的箭镞如果钝秃不能透坚，那就好像没有箭镞射敌一样。因此，兵器是三军发挥勇猛战斗力的重要条件，制造者必须精益求精，不可丝毫苟且，否则就可能导致作战的失利。

曾公亮等人指出，兵器的制造不可泥古守旧而要不断推陈出新，创制新型的兵器。有的兵器在过去可能是先进的，但"历代异宜，形制有异"，在新的时代，就显得落后了。因此要随着朝代的更替而发展，按照"当世兵机"的需要，制造形制新异的兵器。

4. "因天财就地利" 的筑城论

筑城时，首先要选择易守难攻的城址，其地理位置要能"因天财就地利，土坚水流，险阻可恃"，否则就不能作为城址。地理位置确定后，还要选择高下适当的地势，"高不近旱而水用足，下不近水而沟防省"。在这样的地理位置和地势上建筑坚城，就能做到"守则有余"了。至于那些城外水位高于城内的地方，切不可动土筑城，即使原有的高城也要弃而不用。建筑城池要节用人力，最好选择在农闲时节，既从容不迫，又能保证质量。只有在敌人逼近而不得已的情况下，才动用军队紧急筑城。筑城时最好要配套成龙，将城门、重门、插板、瓮城、羊马墙、护城河、吊桥，以及城上的女墙、马面、战棚、敌楼、团楼等守备设施，一次建筑成功。城墙的高度、底宽、顶宽，要根据城址所在地的地质、地理情况，按最佳的比例进行建筑，使城池的建筑用工最少而坚牢度最佳。

在山地筑城时，最好在大城所在地的附近，选择因山顺势的制高点，建筑一两座小城，使之与大城互为犄角，战时可以互相策应。大小城之间的距离如果比较远，那么就要建筑烽火台，以便在敌军来攻时，举烽烟，报军警。《武经总要》所阐述的军事筑城思想，大抵成了宋元时期筑城的依据。

5. 攻城器械运用论

攻城器械的运用，必须因敌方城池的大小、坚固程度、守城兵力的多少和有无外援的情况，也就是曾公亮等人所说的审敌我之强弱、量彼己之众寡而定。若敌我势均力敌，但若敌方可获强有力的外援，而我方有腹背受敌的危险，就要多准备攻城器械，投入众多兵力，进行强攻，最好赶在敌方援兵到来之前将其占领。若我强敌弱，敌又无外援，就可以在城外构筑围城工事，以长围久困之法，让其束手待毙。

在攻城之前，统兵将领必须先派遣间谍，探明守城兵力和粮食、器械贮备的多少。若粮多人少，则多备攻城器械，可攻而不围，强行攻取。若粮少人多，则备适量攻城器械，可围而不攻，待其自毁。围城时，攻城兵力和器械要部署于离城300步之外，使城内敌军的弓弩不能射中我军。同时要派一部分兵力，部署一部分兵器于通向城内的要道，以断敌军人马和粮草的通路，使敌方援兵无法接近被围之城。攻城时，先要夺取敌军的指挥所，擒其主将，使其失去指挥，这样就能乘势占领全城。攻城兵力不足，攻城器械不敷使用，则不可攻城。

 ### 6. 守城器械运用论

守城器械要依托坚城进行合理部署，因敌方攻城器械数量、品种的多少而定。曾公亮等人的指导思想是，守城器械要因敌人的攻城器械而制造，做到敌有什么样的攻城器械，我必部署相应的守城器械，以摧毁敌人的攻城器械。最好能做到敌之攻城器械已尽，我之守城器械尚有余存。

曾公亮等人还提出了以攻为守、以击解围的守城战法。他认为，当城内器械已备，守御已部署周密时，指挥守城战的将领，就要善于捕捉战机，充分发挥守城兵力和器械的作用，以奇兵击敌，变消极守城为积极守城。当攻城之敌初至城外立阵未稳时，可主动出击，打乱其攻城部署。当夜暮敌已熟睡时，可派一部兵力袭击其营寨。当攻城敌军进行休整时，可派一部兵力实施突然袭击。当敌军围城已久疏于防范时，可派一部兵力实施猛攻。当得知援兵到来时，即并气积力，派精兵出击，使攻城之敌腹背受攻，并一举夺取守城战的胜利。

 ### 7. 重视运用水攻和水战的技术论

曾公亮等人十分重视水攻和水战技术的运用。他们认为，统兵将领凡是能"以水佐攻者强"。在特殊条件下，水攻可以起到其他进攻作战所起不到的作用，它可以：绝敌之道，沉敌之城，漂敌之庐合，坏敌之积聚，百万之众可为鱼……（或使敌）"缘木而居，悬釜而炊"。这样就能使敌人失去战斗能力而战胜它。曹操引沂水和泗水灌淹下邳而活捉吕布便是一例。但是统兵将领也不可滥用水攻，只有在水源高于城墙，河床高于城基的条件下才能运用。如果在平陆地带动用大量人力，挖渠引水进行水攻，那就得不偿失了。即使是引水从高处向低洼地灌淹，也要用"水平"仪测量周围地势的高低，这样才能收到有效的作战效果而不扩大水淹区域。

水战是濒海临江地区不可或缺的作战样式，为了取得水战的胜利，曾公亮等人要求统兵将领，必须建造大中小各型战船，编成综合性船队，"以楼船大舰为先趋"，以轻疾快速的走舸、海鹘等战船实施冲击，以钩拒、拍竿为武器，以期取得水战的胜利。

知识链接

《三略》的影响

　　《三略》问世后，也是受到社会的重视和广为流传的一部兵书，在中国和世界军事理论界产生了深远的影响。唐代的魏徵将其内容收入《群书治要》中。宋元丰三年（公元 1080 年），被宋廷颁定为开学的经典之一，并被译成西夏文本。现存最早的刊本是南宋孝宗、光宗年间的《武经七书》本，此本除原刻本尚存在日本静嘉堂文库外，后世几经影印翻刻，形成武经系统本。其他丛书本也多以此系统本为底本。注释本有施子美讲义本、明刘寅直解本、清朱墉汇解本。1935 年，上海商务印书馆采用中华学艺社借照日本静嘉堂藏书本胶片，影印出版了《续古逸丛书》本。中华人民共和国成立后，研究《三略》的论著日益增多。

　　《三略》在国外流传也较广。早在唐代便传到日本、日本宽平年间（公元 889～897 年），日本天皇敕命藤原佐也撰辑的《日本国见在书目》就著录有《黄石公三略》。日本的战国时代，在足利学校（武将顾问资格的养成所）将此书与《六韬》列为主要教科书。据不完全统计，日本研究《黄石公三略》者约近 40 家。邻国朝鲜也有《黄石公三略》传入。1993 年，美国学者拉夫尔·索雅，将《三略》等《武经七书》全译成英文本。《三略》的西传扩大了中国古代兵法理论在西方的影响。

第三节
明清时期兵书的思想

 两部造船著作及其理论

《南船纪》与《龙江船厂志》是中国古代不可多得的战船建造专著。历代学者似乎很少有人将它们看做兵书，但是从书中所记载的各型船只可以看出，它们大多是战船，对船只建造的管理方式与船只用途的论述，又都具有军事特色，是兵书的一个名副其实的分支——军事技术专著。

作者传略《南船纪》的作者沈启，是明代一位杰出的水利与战船建造专家，字子由，号江村，江苏吴江县人，生于弘治四年（1491 年），正德十四年（1519 年）举人，嘉靖十七年（1538 年）进士，授南京工部营缮司主事，旋调刑部主事。后出任绍兴知府，政绩甚佳，升任湖广按察副使，多为善政，解民疾苦，终因得罪缙绅而被罢官。晚年居仙人山，潜心著书，终年 78 岁，赠都御史。有《吴江水利考》5 卷、《南船纪》4 卷，以及《南厂志》、《牧越议略》等多种著作传世。《南船纪》是其代表作，成书年代不晚于嘉靖三十二年，因为《龙江船厂志》在此年刊印，书中多处引用了《南船纪》的内容。向有锓本，其八世孙沈守义为之重刊。今仅北京图书馆藏有清乾隆六年（1741 年）沈守义刻本一部。为便于读者查阅，该馆曾复制一部。1989 年 12 月，中国造船工程学会船史研究会，又将其影印一部分，作为内部交流用。

《南船纪》以战船及各型船只为主线，论述与造船有关的事项。第一卷记载了黄船、战巡船、桥船、后湖船、快船等船的图形、各部构件与船具的尺寸，以及用料数量、裁革等内容。第二卷记载了明代前期各卫所驻军所配战船的数量、修造规定，以及历年裁革和增造的情况。第三卷记载了南京工部都水清吏司与龙江造船厂等部门的编制，以及船厂所属地产等内容。第四卷记载了造船、收船、收料、料余与考核等规章制度，保留了古代造船工料的精确数据、造船定额等珍贵资料。《南船纪》的理论精髓主要反映在战船建造与水战两个方面。

1. 把战船建造看做是关系国家安危的事业

《南船纪》指出，凡是濒江临海和水网地带，水上就会有乱事发生，"不容不用武以殄灭"之。明朝虽已统一全国，但东南沿海和江淮之地，一旦"小有震惊，便会牵动全国"，危及天下腹心之地南京，所以必须居安思危，建造战船，供官兵在平时进行作战训练之用，在战时便可用以征剿来犯之敌。

2. 建造战船必须"尽变通之利"

《南船纪》认为：建造战船既要吸取历代的规制、法则和有益的经验，又要因时而变。凡事都要遵循"变则通，通则久"的原则。造船与制造其他器物一样，若要充分发挥它的作用，就必须要按时代的需要进行建造，这是不可违背的原则。

3. 混合编队奇正并用的水战理论

《南船纪》认为水战与陆战一样，具有"兵无常形，阵无史法"的特点。参战的战船，船体各有大小，长短宽窄各有不同，只有各型战船混合编队，奇正并用，因变设奇，才能投机制胜。四百料战座船"大而雄，坚而利……有不战而先夺人之心"的气势；中型的二百料战座船船首设车罗、拍杆，舱面建女墙战棚，舷侧有桨有橹，战具船具毕备，有攻战之利；小型的一百料与叁板船，"船小而速，则贵之往来游击，以尽其奇……出没无端，以尽其神"。浮桥船用之为桥梁，这是统兵将领必须重视的问题。九江式哨船与安庆哨船是微型战船，但江船之速者"莫如安庆、九江者，或为向导，或为排战，或为疑兵，或为伏甲"，诚为水战中之不可或缺的战船。即使是渔船，也具有往来神速的特

古代船只

点，善于指挥作战的将领也不要轻易废弃它。由此可见，沈启是明代后期一位通晓战船使用理论的战船建造家。《龙江船厂志》是一部论述战船建造和船厂管理的专著，明李昭祥撰。

李昭祥是龙江造船厂的管理专家，字元韬，松江府上海县（今上海市）人，生卒年不详。嘉靖十六年（1537年）考为举人，嘉靖二十六考为进士，初任知县。嘉靖二十九年，任工部都水清吏司主事，派赴龙江造船厂督造船只。到任后，除主持督造船只事务外，便着手编纂厂志，于嘉靖三十二年印行。1949年，南京中央图书馆收入《玄览堂丛书续集》影印发行。

李昭祥所提出的战船建造理论有如下几点：

1. 经济实用的理论

李昭祥认为，一件上贡的器物，本身的价值并不高，但每年的运输费、修造船只费、包装费、搬运费、船工费的耗费却很多，以致一件器物运到京师后，其费用往往相当于它本身价值的数倍。因此，他建议在京师设局制造，这样就能做到上供不缺而又能节约民力、财力。

2. 严格的治厂理论

李昭祥有关治理军用船厂的理论，是治军理论用于治船厂的典范。其一是船厂的领导人当与军队的将帅一样要严于律己，身先匠作，才能达到律己正人的目的；其二是船厂各级官吏、办事人员和工匠头的选拔，要像军队选拔各级武官一样，唯才智兼备的人才能任用；其三是招募技能和工艺高超的人，充任适合造船需要的工匠；其四是船厂必须要有严明的纪律，奖勤罚懒，严惩违纪犯法的人；其五是要善待工匠，不得克扣工匠的工食费，给予多劳的工匠以应有的补贴，不得巧立名目对工匠进行敲诈勒索等。

3. 提出战船与巡船并举的造船、用船主张

李昭祥认为：建造军用船只要坚持战船与巡船并举的方针，"有警用战（船），无事用巡（船），二船不可缺一"。水军操练时进退卷舒都要按军律进行。否则敌人"乘间设奇，变起仓卒"时，就来不及应对。水军操练也要战巡结合，不要泥古守旧，而要使"兵知将意，将识士情"，当敌人来犯时，便

能"因势趋便",取得胜利。所以水军训练也应坚持战巡合一,"操练以观其进退之常,巡逻以习其应变之略,奇正并用,缓急从宜,则船不虚设而临事为有备矣"。

4. 建造快速适用的战船

李昭祥认为,建造战船要注意航速,快航性是战船的重要性能,战船不论大小,以快航最为重要。九江式哨船和安庆式哨船虽小,但"江船之最疾者莫如九江、安庆"。

5. 以史为鉴创造新式战船

李昭祥在《龙江船厂志·文献志》中,对明初以前有关战船建造与水战之事,进行了概要的论述。其内容上自《周易·系辞八下》关于上古"刳木为舟,剡木为楫"的追记,下迄洪武四年(1371年)明将廖永忠建战船300艘,溯江而上进攻四川夏政权的战事,前后将近3500年。其中提到的著名战船与战具有上百种,所记载的著名水战有数十次,从中可以看出明代主要战船演变的轨迹,以及主要水战的规模与战术、技术运用的水平,并以此为借鉴,创造适应新时期需要的各种战船,以达到改善国家武备之目的。

《百战奇略》 对古代军事思想的继承与发展

《百战奇略》(原名《百战奇法》)是一部以论述作战原则和作战方法为主旨的古代军事理论专著,相传为明朝著名谋士刘基所著。综观全书,《百战奇略》有如下几大特点:

第一,《百战奇略》是在北宋神宗朝颁定《武经七书》为武学必读课本之后,产生的一部比较全面系统地论述古代作战原则和作战方法的兵学专著:它不仅继承了我国古代军事思想的精华,而且对某些问题有一定发展。例如,关于速战速决和持久防御的作战原则问题。《百战奇略》认为,在我强敌弱、我众敌寡,胜利确有把握的情况下,对来犯之敌,要采取速战速决的进攻战;但在敌强我弱、敌众我寡,胜利无把握的情况下,则应采取持久疲敌的防御战。这种能够根据敌我力量对比的实际,不同情况采取不同作战原则的指导

中国古代战争图

思想，比孙子单纯强调的"兵闻拙速，未睹巧之久"（《孙子兵法·作战篇》）的速胜论主张，无论在认识上，还是在实践上，都有发展。再如，关于进攻作战中追击败敌问题。孙子主张"归师勿遏"、"穷寇勿迫"（《孙子兵法·军争篇》）；而《百战奇略》则主张，对于企图保存实力的敌人，不要匆忙追击，"宜整兵缓追"，以防中"奇"上当。但对确属溃败之敌，则应"纵兵追击"，务求歼灭。这种区别不同情况，采取不同作战指导的思想，比孙子的片面主张，是更加符合客观实际和战争实践的需要。

　　第二，《百战奇略》不仅继承和发展了我国古代的军事思想，而且搜集和存录了大量古代战争战例资料。这是《百战奇略》一书的又一特点。它搜集了自春秋到五代 1645 年间散见于 21 种史籍的各种类型的战事百例（最早的战例是公元前 700 年春秋初期的楚绞之战，最晚的战例是公元 945 年五代末期的后晋与契丹的阳城之战）。《百战奇略》所搜集和存录的百个战（事）例，一般都有战争发生的时间和资料来源，这为后人检索战争战例资料，研究中国古代军事史，提供了极大方便。

第三，《百战奇略》列举了军事斗争领域里存在的大量对立统一关系，分篇立论，对比分析，说明相反相成的道理，充满辩证思想，是一部系统全面阐释古代军事范畴的重要著作。这是《百战奇略》一书最鲜明突出的特点。书中所列百战，虽然各自独立成篇，但各篇之间，并非孤立不连，而是正反成对有其内在联系。由于《百战奇略》已经意识到军事上的许多矛盾现象都是相反相成的，因而能从强与弱、众与寡、虚与实、进与退、攻与守、胜与败、安与危、奇与正、分与合、爱与威、赏与罚、主与客、劳与佚、缓与速、利与害、轻与重、生与死、饥与饱、远与近、整与乱、难与易等正反两方面，提出在不同情况下，要采取不同的作战原则和作战方法。为人们以辩证的观点分析研究战争，避免主观指导上的形而上学和片面性。提供了很好的借鉴。它从战争千变万化这一客观实际出发，已经触及矛盾双方既相互依存，又在一定条件下相互转化的规律。这是《百战奇略》一书最为可贵的地方。它特别强调指出，在取得胜利的形势下，不可麻痹大意，对于来降之敌，"必要察其真伪，远明斥堠，日夜设备，不可怠忽，严令偏神整兵以待之，则胜；不然则败"（《降战》）。可见《百战奇略》已经让我们认识到，"骄惰"、"放佚"、"怠忽"，就是由胜转败的条件。它认为在打了败仗以后，不可畏怯气馁，只要能"思害中之利"（《败战》），认真接受教训，切实做到"整励器械，激扬士卒"（《败战》），养精蓄锐，"待其可用而使之"（《养战》），并且正确实施作战指导，选择有利战机，"候彼懈怠而击之"（《败战》），就能转败为胜。可见，《百战奇略》已经认识到，转败为胜的条件，就是接受教训，认真备战和正确的作战指导。

《百战奇略》认为，"众与寡"这对矛盾的双方，在一定的条件下也是相互转化的。它指出，在敌众我寡的形势下作战，只要我充分发挥主观能动作用，实施正确的作战指导，采取"设虚形以分其势"（《形战》）的"示形惑敌"战法，就可以使敌人分兵处处防我，"敌势既分，其兵必寡"（《形战》），而我集中兵力打敌一部，在战役战斗上处于"以众击寡"（《形战》）的有利形势，就可以各个歼灭敌人。可见，《百战奇略》已经认识到，实施正确的主观指导，乃是实现"敌众我寡"向"敌寡我众"转化的根本条件。《百战奇略》在"众与寡"这对矛盾的双方相互转化问题的认识上，已经包含有在敌强我弱的形势下，如何通过主观努力，创造以劣势兵力战胜优势敌人的思想，这是十分可贵的。

又如，在对"生与死"这对矛盾的分析中，《百战奇略》认为对敌作战中，如果"临阵畏怯，欲要生，反为所杀"（《生战》）。意思是说，作战中如果贪生怕死，就有失败被杀的危险。反之，如果能够"绝去其生虑，则必胜"（《死战》）。意思是说，作战中如果抱定必死决心而战，就一定能获得胜利而生存。可见《百战奇略》已经认识到生与死在一定的条件下也是相互转化的。贪生怕死，是由生存向死亡转化的条件；而英勇奋战，则是由死亡向生存转化的条件。所以《百战奇略》援引《吴子·治兵》说："幸生则死"（《生战》），"必死则生"（《死战》）。这无疑是符合辩证观点的正确结论。

总之，《百战奇略》已经较好地意识到军事斗争领域中一切矛盾的双方，不但相互依存而共处于一个统一体中。而且将在一定的条件下各自向对立面方向转化。此种辩证地观察事物的思维方式，是应予充分肯定的。

第四，《百战奇略》在著述方式和语言运用上，也是有其鲜明特点的。明人李贽在《武经总要·百战奇法序》中指出："百法若传，每法既具所以，复引古将帅所行之有合者证之。"这大体上概括了《百战奇略》一书著述方式上

唐朝骑兵军阵

的主要特点。该书按照古代作战双方的各方面情况（包括政治的、经济的、外交的、军事的、地理的、气象的情况等等），分为百战，各以单音词（计、谋、间、选、等等）设条立目；每战既以古代兵法为依据阐明兵机方略，又以古代适当战例事例加以印证；各战既相对独立成篇，又相互关联成正反对比，论史结合、辩证分析地论述了攻取战胜之道。此种论兵的编纂体例和著述方式，诚为后人研究兵学和著书立说之鉴。

《百战奇略》在语言文字运用上的最大特点，可以用八个字来概括，这就是言简意赅，通俗易懂。像《百战奇略》那样运用几近白话体论兵著述的古代兵书，在宋以前是不多见的。因此，《百战奇略》一书的产生，不仅开创了古代兵学运用通俗语言文字著书立说的先例，而且为进一步传播和弘扬中国古代军事思想精华，发挥了积极作用。明、清之际，《百战奇略》之所以被兵家一再刊行，在社会上广为流传。其重要原因也在于它通俗易懂，好学好记。

综上所述，不难看出，《百战奇略》作为一部专门以阐述作战原则和作战方法为主要特色的古代军事论著，无疑应在中国古代军事思想和军事学术发展的历史长河中占有重要位置。其价值主要有二：一是它的思想价值。《百战奇略》在继承以《孙子兵法》为代表的古典兵学思想的基础上，结合历代战争实践经验所综述和总结的内容丰富的军事原则，它从客观实际出发，辩证地分析研究战争的思想方法，不仅对宋以后军事思想的应用与发展产生过重要影响，而且对我们今天分析和研究现代战争规律及其指导原则，仍有重要参考价值。二是它的学术价值。《百战奇略》一书所采用的以单音词设条立目的编纂体例，以古代兵法为立论依据、以古代战例为论证事例的论史结合、正反对比的著述方式，从现存古代兵书情况看是最早的，因而，它在我国军事学术发展史上起着非常重要的作用。

戚继光的军事经济思想

尽管戚继光没有系统论述军事经济思想的专文，然而在他的著作里包含着丰富的军事经济思想，而且这些经济思想深入地贯彻到军队的教育、训练和组织指挥中，与军队的纪律、战斗力紧密结合在一起，从而使戚继光的军事经济思想较之古代专谈经济的军事战略家们更具特点。

梳理戚继光的军事著作，有关经济方面的论述有以下一些记载：

戚继光

《束伍篇·限补缺》："一切行令该管队伍，将故者一切衣袋财物点查，并身间有无银两，听详给付本身家属，有敢克留者，以军法论。"

《手足篇·养战马》："夫国之大事在戎，兵之驰骋在马，马兵惟马壮习服则胆气方壮，盖有所恃而不危也，但马之饥饱、劳佚、湿躁、疾病，有口无言，不能自白，必然在我领马官军时其水草，适其性情，节其饥饱，劳佚，加意调息，戢其蹄习，习其驰逐，闲其进止，人马相亲，然后可使。"

《比较篇·比连坐》："每一司下俱赏无罚者为超等，赏数十分之九者为上上等，赏数十分之八者上中等，赏数十分之七者为上下等，赏数十分之六者为中上等，赏数十分之五者为中中等，赏数十分之四者为中下等，赏数十分之三者为下上等，赏数十分之二等为下中等，赏数十分之一者为下下等。"

《行营篇·防贸易》："军行所至地方，须用粮折工食白银，两平交买。宁让毫厘使市人心悦，不日诸货益集，物价自贱，不止于毫厘便益也。"

《实战篇·恤阵亡》："凡亡一人，本甲无贼级者，各扣工食一月，给亡者之家忧恤，失队长扣一队，失旗总扣一旗，失哨官扣一哨，获功合前例，其所失通免究，亦不扣工食，亡兵、亡官，官为给银忧恤。各管下应斩首正犯，不扣，应军法捆打者，又罚其食，非止于罚工食而免也。凡所谓恤其家者，非止于罚工食以恤之，仍有题奏，荫子世袭之恤也。"《公贼货》："战间，贼遗财室，金银、布帛、器械之类，此诱我兵争抢，彼得乘机冲杀，往往坠其套中。今后临阵，遇有财帛，听派定取功兵，收拾看守，待战胜收兵，查明均赏；兵士、将领、不得辄取；如有陷匿克留，及后进、次到、浑懒者，虽有功，俱以军法处……如违令图财、争级、致兵陷没，或贼冲突得脱、抢财物之兵，不分首众，与总、哨官俱以军法斩。"《原军法》："但有诈病，故将军器、马匹损坏……斩首示众。"《死旗鼓》："凡失旗鼓旌节者，全队斩。"《失战马》："临阵失马者，斩！"《保阵降》："每收降人一口，委官人役赏银五钱。"《报功级》："原记录者，约自己该银若干，众人分银若干，除本身一分不领外，仍照出银与应赏者，务足一级之数。"《报人口》："凡获生，另开手本。以凭发主获者，照数赏银。"

《胆气篇·分军饷》："军士用粮赏赐出，先将数报知，即时委官，并请主持委官，鉴鉴包封。先刻印板一方，上书某月粮额该若干，每人以一分为耗，委官某人鉴定限完，报请主将下教场。或在衙门，通候车士集到，唱名给予，先取一封秤兑，如一封不足，则所包清封尽行算数，赔偿治罪。军士已散到手，过三日后，若复情愿送人者，另有科敛需索条，不许扯引侵克内。"《立逃约》："若遇逃走，呈同队之人各连坐。以一半送监，一半保拿，革去月粮。"《补军限》："凡遇事故顶补，每月二十日呈送验发，以便次月初一日起粮，一年不获，原保人发哨三年，来伍军发落收伍，支半粮，就日乃复。"《补军限》："凡遇事故顶补，每月二十日呈关验发，必须次月初一日起粮。"

综述上述原文，可以发现戚继光的军事经济思想有以下一些内容：

1. 抚恤阵亡将士。这是戚继光军事经济思想最具特色的地方之一。在中国古代军事典籍中，像戚继光这样明文规定抚恤阵亡将士家属的做法，为数不多。他还规定：在阵亡将士的衣服里如发现有银两，应交给家属，有私自"克留"者，"以军法论"，同时还要"加倍追恤故军之家"。凡"亡兵亡官"，"官府都要给银抚恤"。这对于凝聚军心、提高军队的战斗力，无疑是有极大帮助的。

2. 在战斗中所获之财物，要先充公，然后再分配。《公贼货》云："今后临阵，遇有财帛，听派定取功兵，收拾看守，待战胜收兵，查明均赏，兵士、将领，不得辄取。"戚继光的做法是极具战略思想的。战争中碰到财物的情况是很多的，如果没有严格的纪律约束将士，人人都会丢下战斗而去拾掠财物，无疑会对战斗的胜负带来非常不利的影响。在历史上，因抢夺财物导致战斗失利的战例很多。如：建安五年（200年），曹操与袁绍相持于官渡，曹操为救白马之围，从许攸计，声东击西以击延津，绍将文丑出击，曹操败退，为缓解敌之战斗力，曹操命军士扔辎重于道，文丑军士见了则争抢之，结果曹操命关羽反击，斩文丑，赢得了官渡之战的胜利。所以，戚继光严令军队在战斗中不许私自收掇财帛，应由主将统一派人"收拾看守"，待战斗结束后，"查明均赏"，既防止了因抢财物造成混乱，同时也使兵士都感到有利可图，极具远见卓识。

3. 在经济上不扰民。军队与百姓的冲突史不绝书，这种冲突很大部分是由于经济引起的。军队欺压百姓、巧取豪夺的现象时有发生，这对军队的士气也是不利的。有鉴于史，戚继光严格规定，公平买卖，宁可自己吃亏，也不使百姓受损失，宁让毫厘使市人心悦，也不让自己占便宜，也"不止于毫厘便益也"。在几百年前的明代，这种思想是非常难能可贵的，也说明"戚家军"无敌于天下绝不是偶然的。

4. 以经济为手段整肃军队的纪律。戚继光十分擅长以经济为手段来加强军队的纪律建设，从委官散兵开始，就"鉴鍪包封"，把一包包的碎银包好，分发给新上任的军官和新到的士兵；而且士兵的奖惩直接诉诸经济手段，奖赏的标准分为上上、上中、上下、中上、中中、中下、下上、下中、下下九个等级，如果兵士本人要受罚，负责的把总、哨官均要受罚，不仅捆打数十下，还要受到经济惩罚，即"革回，照例半俸"。实战时，如果"亡一人"，又没有成绩，即"本甲无贼级者"，则"各扣工食一月"；如果损失一个队长，全队扣工食一月；损失一个旗总，全旗扣工总一月；损失一个哨官，全哨扣工食一月；如俘虏了一个敌人，则赏银"五钱"；如损失了马匹，则斩；损失了战鼓旌旗，斩。对于有功的"原记录者"，子孙均有银两的物质奖励，本人还要依此提升官职；如果一个兵士逃走了，不仅同队之人"连坐"，而且还要"革去月粮"；如果逃兵一年不回，就以原担保的人作为抵押在军队服役，而且只有一半的俸薪，只有这个逃兵回来后，才可补发另一半的俸薪。

在戚继光的整个军事思想中，不仅对选兵、练兵的各种要求、规定、原则筹划得十分详细，而且经济条目也有条不紊，把经济与军队的教育、训练、作战紧密结合起来。因此，戚继光的军事思想尽管缺少如《孙子兵法》、《三略》、《六韬》等兵家典籍对战争、训练等方面具有理论深度的论述，但具体、详实、细致，具有极大的可操作性，有一些内容还有很强的现实参考价值。这也许就是戚继光军事思想几百年来一直备受重视的原因所在吧。

《神器谱》及其理论精义

《神器谱》是专论火绳枪制造与使用的专著，明赵士桢撰。

赵士桢是明代后期研究火绳枪制造与使用技术的专家，字常吉，号后湖，乐清（今属浙江）人。从他在万历三十一年（1603年）所上《防虏车铳议》的"行年五十"之句中，可知其大约生于嘉靖三十二年（1553年）前后。祖父赵性鲁，官至大理寺副，博学多才，曾参加《明会典》的编纂，工诗词，精书法。赵士桢从小受其熏陶，亦擅长书法。万历六年（1578年），他"以善书征，授鸿胪寺主簿"，任职18年后，受召入直文华殿，至万历二十四年"晋中书舍人，又十余年，不进秩以殁"。（沈德符《万历野获编·金华二名士》）。由此可以推知，他大约在万历三十九年（1611年）前后去世。赵士桢从小生长在海滨，家乡常受倭寇的袭扰，备受其苦。故而，他关心国家前途，注意研究军事及火器技术书籍，从戚继光和胡宗宪的部下了解倭寇所用火器的情况，从因进贡而留居北京的噜密国（一作鲁迷国）掌管火器的官员杂思麻处，见到了噜密铳，并于万历二十六年（1598年）向朝廷进献了自己仿制的噜密铳。之后，他又历经艰难困苦，多方筹集钱财，先后制成10多种火绳枪及其他火器、战车。更为重要的是他以多种文体，撰写成《神器谱》、《神器杂说》、《神器谱或问》、《防虏车铳议》等研制火器（即神器）的论著。

《神器谱》的理论精义集中于制器用器方面。

 1. 从战略高度倡导火器的发展

火器研制家赵士桢虽身无疆场之寄，肩无三军之任，但却以国家兴亡为己责，于万历年间频频上奏朝廷，请求大力发展火器，改善军队的装备与国防设施。他认为：当时的海中之国日本，戎心已生，祸胎已萌，在蚕食朝鲜之后，必"尽朝鲜之势窥我内地"；北方游牧民族贵族势力，与我仅一墙（指长城）之隔，内犯之势必不可免。因此要根据他们的作战特点，大力制造枪炮和战车，才能"挫凶锋""张国威"。他还建议把发展火器和战车，同固国安邦的长远打算结合起来。他指出，讲究神器是对国家有万世之利的大计，能使国家聚不饷劲兵，储无敌飞将，"传之百世无弊，用之九边具宜"。如果京营增加火器，可壮居重御轻之势，广之边方，可以张折冲御侮之威。为此，他请求当局者不要被无真知灼见的言论所动摇，要把发展火器制造之事坚持下去，使国家迅速转弱为强，使敌人胆寒心落，不敢来犯，实现国家长治久安的目的。

2. 制造火器 "必须因时而创新"

赵士桢主张研制火器"必须因时而创新"，出奇而制胜。要求火器制造部门选用技精艺熟的工匠，制造精利的枪炮，不可有丝毫差错。他极力反对浪造浪用火器，指责市井庸碌之徒粗制滥造，"一任匠作乱做，火之熟与不熟（指不掌握炼钢锻器的火候），岔口之合与不合（指卷制枪管时接缝吻合与不吻合），膛之直与不直，以及子铳厚薄精粗，茫然不解，一经试效，十坏五六，不咎未能尽制（指规制），亦已新器为不可用"。

3. 御敌保国必须善于使用火器

为了达到御敌保国、克敌制胜的目的，国家不仅需要注意增加火器的产量，提高火器的质量，改善国防设施和军队的装备，而且还要求官兵必须熟悉各种火器的性能，善于使用各种火器。赵士桢认为："攻人之守，守人之攻，命中及远，全在于各种火器，使用火器要做到险势短节，阖辟张弛，实实虚虚，端倪莫测"；又说"用兵用器，毕竟先明奇正之法，处于不败之地，然后可以言战，可以灭贼"。

4. 使用火器必须灵活多变

赵士桢指出：使用火器时必须灵活多变，即要因时、因敌、因地而制变，才能达到取胜的目的。

所谓"因时"而制变，是指要选用"因时"而创新的火器，作战时要适时捕捉适当的战机，不可因浪战浪用而失去应有的作战效果。在使用火器时要因敌而变化，需快速突击，使敌猝不及防；要虚虚实实，使敌人不知其奥妙；要注意奇正变换，使自己立于不败之地，当密集的敌人来至二三里以内时，先以佛郎机炮、噜密铳、迅雷铳逐次射敌，挫其凶锋，待敌溃退时，持单兵火器与冷兵器的士兵要在近战中歼敌。

所谓"因敌"而制胜，就是要根据不同敌人不同的作战特点，采用不同的火器：北方游牧民族内犯时，"多在平原旷野之处，倭奴入寇，多在林莽泥涂之地。虏之冲突也，群聚而来，故御虏当以重器、锐器（即重炮、利枪）为正，远器、准器（即鸟枪、弓矢）为奇。倭之求战也，陆续而进，故防倭当以远器、准器为正，重器、锐器为奇"。

所谓"因地"而制宜，就是在不同的地形作战时，要用不同的火器，同时还要防止敌人对我军火器的威胁：在平原旷野中，要防止敌军从远处射击本军的火器；在丛林狭道中，要防止敌军使用燃烧性火器夹击本军；在坡谷之地，要防止敌军在坑坎处伏击本军；在长江大河中处于敌军下风时，要防止敌军使用火器攻击本军。赵士桢以其一生研究的累累硕果与垂范青史的《神器谱》，向世人表

明代火器

明他不愧是我国明代万历年间杰出的火器研制家。他一生辛劳，刻意研制火器，钻研理论，以至于"竟成锻癖……似醉若痴"，"千金坐散而不顾"，"备极劳苦而不辞，不惜以蒲柳孱弱之躯……孳孳矻矻，恒穷年而罔恤"，可以说是一位具有献身精神和爱国主义思想的火器研制家。由于他创制的火器，都是"韬钤奇正，再观古人兵器，触类旁通，加以妙悟"而成，所以都具有鲜明的时代特色。明末杰出的科学家、军事技术家徐光启，在天启元年（1621年）2月17日的《谨陈任内事理疏》中称：他所领用的依赵士桢之法而改制的2000支噜密铳，经明军试用数月，"只是小有炸损，不过数门，其余均堪用"。在当时滥造滥用火器成风的情况下，唯有依赵士桢之法所造噜密铳的质量，能满足明军使用的要求，得到徐光启的认可，这实在是难能可贵的。明末火器研制家焦勖在《火攻挈要自序》中说：当时流传的诸火器书中，最有实用价值者，"唯赵氏藏书"。焦勖的评价实为中肯之论。

赵士桢所著的《神器谱》等论著，并不是火器制造技术和工艺的单纯汇集，而是在深入研究明廷在南北两个方向军事斗争战略需要的基础上，根据不同的作战对象、不同的作战地域，指导火器研制和使用的理论集粹，是他通晓兵法理论，深知明军战略、战术、战法，以及熟谙冶金原理、机械技术、火药理论的结晶，是继戚继光所著的《纪效新书》、《练兵实纪》之后，关于火器制造与使用理论的水平更高，科学性更强的著作，是从理论与实践的结合上，把明代后期火绳枪的研制，推进到一个新的发展阶段的标志，对明末清初火器的发展产生了积极的影响。如果说戚继光是一位熟谙火器制造与使用的戎马倥偬的军事家，那么赵士桢则是一位精通古代兵法的火器研制家。

 ## 《武备志》 所体现的军事思想

作为一部百科全书式的兵书，《武备志》体系宏大，条理清晰，体例统一。它将各朝的两千余种军事著作分门别类，每类之前有序言，考镜源流，概括内容，说明编纂的指导思想和资料依据。每一大类之下又分为若干小类，小类之下根据需要设置细目，如《军资乘》下又分为 8 类 64 个细目。文中有夹注，解释难懂的典故，并且用各种不同的符号文字眉批表现茅元仪对各个问题的看法。《武备志》由兵诀评、战略考、阵练制、军资乘、占度载五大部分组成。《兵诀评》18卷，选录《孙子》《吴子》《司马法》《三略》《六韬》《尉缭子》《李卫公问对》全文及《太白阴经》《虎钤经》的部分内容进行评点。茅元仪对《孙子》最为推重，认为"自古谈兵者必首推孙武子"。并说："先秦之言兵家

《武备志》书籍封面图

者六家，前孙子者，孙子不遗，后孙子者，不能遗孙子，谓五家为孙子注疏可也。"

在编纂和内容上，《武备志》具有以下特点：

一是材料丰富而又取舍精当。茅元仪的父亲茅坤是明代著名文学家和藏书家，家中藏书本来就很丰富，再加上他四方搜寻。到处传借，因此，《武备志》采录的图书达两千余种，对他之前的主要兵书可以说是差不多全部网罗了。对于这些兵书，茅元仪并不是有闻必录，有见必采，而是下了取舍的功夫的。他选录的大都是可靠的资料，而对道听途说的一些稗官野史宁可弃而不用。不仅如此，茅元仪在选取材料时，紧紧围绕武备问题来进行，"于武备稍远者，听之舆图史可矣"。名胜古迹主要供游览、吊古之用，与行军作战没有太大关系，就弃而不录。同时，茅元仪还注意选录最新的资料。全书对明代军事记载最详，不仅选了先于编者茅元仪的戚继光、俞大猷等人的治军、练兵、作战等方面的言行，也选录了与他同时代人的军事资料，如王鸣鹤的"号令说"等。

二是编排合理，有一定的逻辑秩序，全书五大部分，从理论到实践，井然有序，又不可分割。郎文焕在给此书作序时，以医药比喻此书编排："首兵诀者，如医之探腑脏，论脉理也。次战略者，如医之举旧案，宗往法也。次阵练者，如医之辨药性，讲炮制也。次军资者，如医之分寒温，定丸散也。终占候者，如医之考壮弱，断死生也。"每部分的子目顺序也是按照它们的内在联系排列的，如茅元仪在说明《军资乘》子目的排列顺序时说："三军既聚必先安其身，身安而后气可养，身安而后患可防。故首以营，营具而可以战矣，故次之战。"

《武备志》虽是辑录历代兵学成果之作，其主要内容也侧重于展示历代兵家的成果，并非系统阐述茅元仪的军事思想，但从全书的框架结构、编纂的主旨，以及书前的自序、各门类的分序、旁批和点评中，也可以看出茅元仪军事思想的主要方面。

其一，主张文武并重。茅元仪针对当时重文轻武的现象，提出了文武并重的主张。他以史为例，认为"有文事者必有武备，此三代之所以为有道之长也。自武备弛，而文事遂不可保"。茅元仪所说的文事就是指的政治，武事就是指的军队和国防建设。当时明廷暗弱，朝政为阉党所左右，政权为阉党所把持，他们网罗诵经学理、擅弄权术、昧于武备的人为党羽，终日纵情享乐，陷害忠良，打击抗敌报国之士，视武备若儿戏。遇有战事，他们便相顾惶骇，一筹莫展，只能驱无律之师，挥不训之军，徒遭丧师辱国之祸。为此，茅元仪建议朝廷整军经武，训练士马，从各方面做好御敌作战的准备。

其二，倡导学习军事和研究兵法。茅元仪认为，武备之事甚多，而将帅学习军事和研究兵法则是第一要务。因此，他在编纂《武备志》时，把《兵诀评》和《战略考》两大门类排列在书前，意在倡导兵法研究，让统兵将领钻研《孙子》、《吴子》等兵学经典，熟谙兵法理论，提高军事才干。他要求统兵将领要能"上顺天时，下得地利，中应人和"，能"知彼知己，以仁为心法，以义为军声，以明为赏罚，以信为纪律，因时而制宜，设奇而料敌"。他认为"器贵利而不贵重，兵贵精而不贵多，将贵谋而不贵勇"，以智谋之将，统精练之兵，操锐利之器，则可以无敌于天下。

其三，强调军事训练。茅元仪认为，"言武备者，练为最要"，"兵之有练，圣人之六艺也。阵而不练，则土偶之须眉耳"。他指出，士卒不练则不可以营，不可以阵，不可以攻，不可以守，不可以战，战时号令不齐，"不归于战而归于练"。要使训练能收到预期的效果，必须要以良好的兵员素质为基础，没有经过严格挑选的士兵，便不能训练成劲旅。因此，茅元仪说"选即所以练也"。兵员的选拔条件要视需要而定，车、步、骑、轻重和水兵的要求不同，其选拔条件也要有相应的差异，不可一概而论。不同兵种的士兵，要"分材而授之器"，以便进行有针对性的训练。训练时要注重实战的需要，不要采用华而不实的"花法"。茅元仪关于强调军事训练和注重兵员选拔的思想，实际上是戚继光关于练兵、选卒、教战、用器、思想的继承和发展，对于纠正当时轻视军队训练和不注重兵员选拔的种种弊端，起到了重要的作用。

其四，注重边海江防的建设。明代后期，西北边防、东南海防和江防，都受到了严重的威胁，而这些地方的守备设施，又因多年失修而罅漏百出。为此，茅元仪在《武备志》中多处阐述了加强国防建设的建议，主张实行边、海、江防并重的国家防御战略。他认为，国防建设的重点有三："曰边、曰海、曰江"。边防的重点在广袤曲折的西北，绵延数千里，应当"选将练兵，时谨备之"，要随地建堡，坚壁清野，人自为守，以保护边民生命财产的安全。海防的重点在东南沿海，对日本窥伺我国的野心要严加防范，做好充分准备，务必要将入侵之敌"拒之于海"。与此同时，他还针对当时忽视江防，认为江防可缓作防备的思想，特别强调了加强江防的重要性。他指出："迫海而亘中区，外溃则为门户，内讧则为腹心，故江之要与边海均"。

其五，强调足饷足食富国强兵。茅元仪认为，民以食为天，军以饷为重，故军队"足饷尤先务"。为保障粮饷供给，使民无缺粮之苦，军无乏食之虞，国家应大力兴修水利，发展屯田，畅通水陆运输，开采矿产，发展经济。使国家富足起来，以便满足强兵所需要的军费，也就是茅元仪所说的"唯富国者能强兵"的思想。

总而言之，《武备志》是一部以资料价值为主，理论价值为辅的大型资料性著作，它既保存了古代大量的军事资料，为我们提供了难得的材料，同时又为我们提供了无数的线索，称为之中国古代的兵书宝库实不为过。

知识链接

《筹海图编》的问世

《筹海图编》是明代后期一部海防专著，明郑若曾撰。

郑若曾，明代后期兵书著述家，字伯鲁，号开阳，弘治十六年（1503年）郑若曾生于昆山县（今属江苏）的一个书香门第，自幼受到良好的家庭教育。少时好学，长大后又受到魏校、王守仁、湛若水等名师的教诲，常与归有光、唐顺之、茅坤等学者共同探讨学问，对天文、地理、地图、军事和政治等问题都有所研究。嘉靖十五年（1536年）贡生，曾两次科举不中。郑若曾一生，但求学问精深，不图仕途进取。隆庆四年（1570年），郑若曾去世，终年68岁。《筹海图编》是郑若曾为防海备倭而作的专著，全书13卷，约26万字，附图173幅。其中沿海地图114幅、战船图18幅、

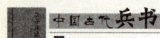

兵器图41幅。书中对我国沿海海岸、海域的地形地貌、关隘要塞等地理形势，沿海驻军、水寨、烽燧、瞭望哨、海岸、海港、海中设施等防务，朝臣和将帅所提出的防海御倭方略，兵器和战船，中日两国的历史交往，倭寇劫掠中国的时间、地点、头目等情况，倭寇至闽广总路、至浙江东总路、至朝鲜辽东总路等三条进犯路线，永乐年以来的平倭战绩等，都有比较详细的论述。

兵书理论在战争中的运用

中国古代的兵书,很多都是具有实战经验的兵家,在总结自己作战经验的基础上著作而成的。他们之后的军事家,在实际战争中,根据实际运用了一些前人的军事理论,为我们呈现出精彩的战争艺术。

第一节
《孙子兵法》理论的实际应用

击其惰归

　　长勺之战是春秋时期齐国（今山东东北部）和鲁国（今山东西南部）之间进行的一次战争。

　　齐国是春秋时期最强的诸侯国之一。公元前686年，齐襄公被叔伯弟弟公孙无知杀死，公孙无知即位不久又被大臣们杀掉，国君的位置空了下来。

长勺之战

当时齐襄公的两个弟弟逃亡在外：公子纠和师傅管仲在其舅父鲁庄公处避难；公子小白随师傅鲍叔牙在莒国（今山东莒县）避难。他们都想赶回齐国称君。

鲁庄公为了让公子纠夺得王位，一方面派兵护送他回齐国。另一方面派管仲带兵拦截公子小白。管仲追上公子小白后，一箭射中他的铜带钩。小白将计就计，咬破嘴唇，口吐鲜血，佯装死去。管仲信以为真，回报公子纠。公子纠不慌不忙地向齐国进发。等他到了齐国国境，才知公子小白早就抵达齐国都城临淄，做了齐国国君，他就是齐桓公。公子纠和管仲只好仍回鲁国安身。国君之争使齐、鲁两国关系趋于恶化。

公元前 685 年秋，齐、鲁两国在齐国境内的乾时（今山东临淄西）大动干戈，鲁国战败。不久，齐将鲍叔牙乘胜追击，以围攻鲁国要挟庄公杀死公子纠，交出管仲。鲁庄公无奈，只得逼死公子纠，把管仲送交齐军。

管仲是个很有才干的人。齐桓公不念旧恶，拜其为相。管仲建议齐桓公对内革新政治，整顿军事，对外结好诸侯，待力量强大后再扩张势力。齐桓公急于向外扩张，没有采纳管仲的意见，于第二年春拜鲍叔牙为将，攻鲁。

鲁国在乾时战败后，加紧训练军队，赶造各种兵器，并疏通了国都曲阜以北的洙水，加强了守备。面对齐国的进攻，鲁庄公决心动员全国力量决一胜负。

鲁国有个名叫曹刿的人，很有谋略，他主动求见鲁庄公，同他分析战争的有利和不利因素，认为国君取信于民，得到"国人"支持，可以一战。之后，曹刿请求随鲁庄公出战。鲁庄公答应曹刿的要求，和他同乘一辆战车，率鲁军抗齐。

当时，齐军仗着兵强马壮，连续进击，深入鲁国。鲁国兵少国弱，避开齐军锋芒，采取守势，退

管仲雕像

到利于反攻的长勺（今山东莱芜北）以逸待劳，准备决战。

齐将鲍叔牙因一时得胜，产生轻敌思想，攻到长勺后，刚稳住阵脚，便向鲁军发动猛烈进攻，霎时，战鼓声震天动地。

鲁庄公见鲁军受到威胁，非常焦急，立即要命令击鼓，进行反击。曹刿连忙阻止说："不要击鼓反击，现在齐军士气正旺，如果我军出击，正合敌意，不如坚守阵地，避免正面交锋，消磨其锐气。"鲁庄公认为有道理，传令军中不许乱动。

这时，齐军随着鼓声冲杀过来，眼看就要攻入鲁军阵地。突然，鲁军万箭齐发，齐军被迫后退。齐军求胜心切，一连擂了三次战鼓，发动三次冲锋，但始终没能同鲁军正式交锋。齐军将士人人泄气，个个疲劳。

曹刿看准时机，对鲁庄公说："现在正是打败齐军的时候，请马上下令击鼓，发起反击。"鲁军阵地战鼓一响，士兵们斗志正旺，争先恐后地冲向敌军，以迅雷不及掩耳之势，冲垮了齐军阵地。

鲁庄公见齐军败，准备下令追击，曹刿又制止说："先不要追，等我看看敌人是真败还是假败。"他跳下战车，查看了齐军列阵之处和车辙，接着又蹬上战车，仔细观察了齐军的旌旗，然后对鲁庄公说："可以下令追击了。"鲁庄公下追击令，鲁军军心大振，杀声震天，很快追上齐军，经过一阵厮杀，终于把齐军赶出了国境，取得全胜。

战后，鲁庄公问曹刿：为什么要在齐军三次击鼓冲锋后，才发动反击？为什么齐军溃退时不立即追击？为什么要查看齐军的车辙和旌旗？曹刿回答说："打仗凭的是一股锐气。当士兵听到第一次冲锋的鼓声时，士气正旺；如果第一次冲锋没有成功，再次击鼓冲锋时，士气已经衰退；到三次击鼓冲锋时，士气已消耗殆尽了。这时我军擂响战鼓，激发士兵斗志。彼竭我盈，所以能一鼓作气，战胜齐军。齐国是大国，我们不能低估它的实力。齐国开始溃退时，我怕他们诈败，因此劝您不要立刻追击。后来，我见齐军车辙混乱，旌旗东倒西歪，由此可知齐军十分狼狈，是真的溃败。所以我才请您下令追击。"鲁庄公听了非常佩服。

长勺之战是一个典型的以弱胜强的战例。鲁国作为一个弱国之所以能够打败强大的齐国，就在于鲁国根据敌强我弱的客观条件，采取了守势，当齐国军队士气低落时，利用齐国已经疲惫的状态，后发制人。这正是《孙子·军争篇》中所强调的"击其惰归"的原则。

善战者求之于势

楚汉成皋之战，起于楚汉二年（前205年）5月，迄于楚汉四年（前203年）8月，前后历时2年零3个月。

刘邦自彭城惨败以后，深感兵强将勇的楚军不是轻而易举就能战胜的。为了改变楚强汉弱的不利形势，他采纳张良等人的意见。退据地势险要又有充足储粮的荥阳、成皋（荥阳西北）一线，在政治上争取同项羽有矛盾的英布和彭越，重用韩信，在军事上制定了正面相持、敌后袭扰和南北两翼牵制楚军的作战方针。

项羽这时已认识到刘邦是他的主要敌人，所以决定不给刘邦喘息的时间，又亲率大军追至荥阳。刘邦得到留守关中的萧何发来的援兵，韩信也率部前来会合，于是挑选了一些精锐骑兵阻击楚军，暂时挡住了项羽的攻势。项羽根据敌我形势的变化，也决定改变战略，与齐、赵约和，派人拉拢英布，准备与英布合力西进关中，捣毁刘邦的战略基地。

刘邦在荥阳站稳脚跟后，为了巩固后方，于6月回到关中，彻底剿灭章邯的残余势力，并派兵加强临晋关、函谷关、崤关、武关等地的守备，转运关中地区的粮食和兵员不断支援前线。8月，刘邦见后方部署已定，又返回荥阳、成皋，指挥作战。这时，刘邦派往九江的萧何，已劝说英布背楚附汉，但在彭城战后背汉附楚的魏王豹，却拒绝再回到刘邦阵营。刘邦于是派韩信北征魏王豹，以解除其对荥阳、成皋前线和关中的威胁。

楚汉二年（前205年）12月，项羽开始大举攻击荥阳，迅速切断汉军运粮的通道，使防守荥阳、成皋的汉军在补给上发生困难。刘邦为了缓兵，请求议和，提出"割荥阳以西者为汉，以东者为楚"。项羽听从范增的

刘邦雕像

意见，拒绝议和，愈发加紧了对荥阳的进攻。刘邦见议和不成，于是采用陈平的计谋，让人带上大量黄金，赴楚施行离间，散布谣言说，楚将钟离昧、龙且、周殷等人因未能分封为王，都想与汉勾结，背叛项羽，范增对项羽也有二心。项羽果然中计，怀疑部属。周殷因惧怕被杀，索性叛楚附汉。范增被削夺权力后，含愤离去，病死在途中。

刘邦采取上述措施，虽然起到了一定的破坏作用，但正面所受的压力仍然很大。楚汉三年（前 204 年）5 月，项羽进攻荥阳益急，荥阳危在旦夕。刘邦留御史大夫周苛守卫荥阳，让将军纪信伪装成自己，夜间溜出荥阳东门，扬言城中粮尽，汉王出降。楚军纷纷跑来观看，皆呼万岁。刘邦则乘机率数十名骑兵从西门出城，逃至成皋。等项羽知道受骗，追至成皋，刘邦已逃回关中。项羽遂下令烧死冒充刘邦的纪信，攻下成皋。此时，虽然荥阳孤城仍由周苛等困守，汉荥阳、成皋核心防线实际上已为项羽所突破。

刘邦回到关中后，收集关中之兵，想再次东出收复成皋。有位叫辕生的献计："汉军与楚军在荥阳相拒数载，汉军常遭危困。愿大王东出武关，项羽必然引兵南走。大王避开项羽的攻势，不要与其作战，同时可使荥阳、成皋间且得休息。等韩信平定赵地和连结燕、齐之后，大王复走荥阳。这样，楚

霸王举鼎

军所要防备之处增多，力量必然分散，汉军却得到休息，再与之交战，一定能打败他们。"刘邦采纳了这一意见，改取机动作战，率兵出武关，流动于宛（今河南省南阳市）、叶（今河南省叶县）之间，又使英布率九江兵在楚军南翼摆开攻击的架势。这样，项羽果然仅留少量兵力扼守成皋，而自率主力向南，企图在宛、叶歼灭汉军。刘邦一面苦苦抵御，一面命彭越突袭彭城附近，大破楚军项声、薛公部，杀死薛公。楚军后方遭此严重威胁，使项羽不得不掉过头来反击彭越。刘邦乘机率大军会合英布的九

江兵，猛扑楚军控制下的成皋，一举将其收复。

项羽东进击退彭越后，又于 6 月回师西线，攻破荥阳，进围成皋。刘邦与夏侯婴从成皋北门逃出，北渡黄河，到修武（今河南省获嘉县东）韩信、张耳所率的赵军营中。刘邦在此调兵遣将，增援汉军控制下的巩县（今河南省巩县西南），以阻止项羽继续向西突破。

8 月，刘邦为挽救荥阳、成皋核心防线的危局，在修武高垒深堑以谋固守的同时，加强敌后活动，使彭越袭击楚军后方，派将军刘贾、卢绾率 2 万人渡白马津（今河南省滑县北）深入楚地，协助彭越破坏楚军补给线。彭越连拔睢阳（今河南省商丘县南）、外黄等 17 城，刘贾、卢绾则极力搜求楚军仓库，予以焚烧，仅一个月后，已造成楚军后方的严重混乱。9 月，项羽不得不停止攻势，再次率军东攻彭越。项羽留大司马曹咎与塞王司马欣共守成皋，临行前指示他们："汉王来挑战，慎勿与战，不要让他们往东即可。我 15 日内必能平定彭越，还回到这里。"这回，项羽又一次击退彭越，将 17 城收复，却未能消灭彭越的游军。这支游军仍在梁、楚之间积极活动，威胁楚军的后方。

楚汉三年（前 204 年）10 月，刘邦见项羽主力又去东击彭越，想乘机重整荥阳、成皋间的防线，但由于曹咎、司马欣据守成皋，难以攻拔，所以又想放弃成皋，退守巩县，洛阳。谋士郦食其深知成皋战略地位的重要，对刘邦说："做帝王的人以民为天，而民以食为天。敖仓是天下粮食的转输中心，其下藏粟甚多。项羽攻克荥阳后，不坚守敖仓，便引兵向东，只派部分兵力扼守成皋，这真是上天在资助我们。现在，留在这里的楚军很容易击破，大王却想放弃进攻的机会，实在是不明智。况且两雄不俱立，楚汉长期相持不决，百姓骚动，海内摇荡，农夫不种田了，农妇不织布了，就是因为天下归谁所有尚未确定，愿大王立即进兵，收取荥阳，控制住敖仓的粮食。阻塞住成皋的险要，然后夺占飞狐口，扼守白马津，向各地诸侯显示我们所据的战略形势，知道天下应该归谁。"刘邦认为他讲得很有道理，立即引军渡河，向成皋楚军挑战。曹咎最初还遵照项羽的告诫，坚守不出，但终于经不起汉军连日辱骂，一怒之下率军出击。当楚军正在渡汜水时，汉军乘其半渡发动攻击，大破楚军，曹咎与司马欣均自刎于汜水之上。汉军夺取成皋，扼守广武山，并在荥阳以东包围了楚将钟离眛。

项羽听说成皋失守，急忙由睢阳率部回来救援。汉军依据险要地形，坚守不战，楚军几次东奔西驰，极为疲劳。这时，由于韩信已攻占齐都临淄，从东、北两面形成了对楚军夹击的形势，项羽不得不也屯军广武山上，隔着一条广武涧与汉军形成对峙。双方对峙到楚汉四年（前203年）8月，楚军粮食匮乏，彭越的游军又不断袭扰楚军后方，项羽感到形势严重，被迫与刘邦订立和约，"中分天下"，把鸿沟以西的地方划归汉，鸿沟以东的地方划归楚。

楚汉成皋之战，为以弱胜强的典型战例。刘邦自彭城战败后吸取教训，转攻为守，退保荥阳、成皋这一战略要地，这就护卫了战略后方关中和巴蜀，使汉军在人力物力上得到源源不断的补充，能够坚持长期的战争。在战争全局上，刘邦能及时采纳张良、韩信、郦食其等人的建议，制订出正面坚持、敌后袭扰、南北两翼牵制楚军的作战方针。这一方针，使强大的楚军陷于多面作战的困境，使汉军实力得到保存和发展，逐渐由劣势转为优势，由被动转为主动，最后取得有决定性意义的胜利。项羽则既不善于争取同盟势力，又不能团结内部，而且不注意战略基地的建立。在作战指导上，他也缺乏战略头脑，没有通盘的考虑和打算，没有主要的打击方向，东奔西跑，一味应付。故而，虽然打了许多胜仗，在战略上却是失策的，终于导致敌我形势发生重大变化。

上兵伐谋

从初平三年至兴平二年（192～195年），中原局势发生了一系列的变化。在长安，司徒王允和中郎将吕布等密谋杀死了董卓，接着董卓的部将李傕、郭汜举兵叛乱。结果王允被杀，吕布东逃。后来，李傕、郭汜发生火拼，互相屠杀，而汉献帝作为一尊傀儡，被这些军阀争来抢去。

当初，废除少帝刘辩，立陈留王刘协为帝，本不是袁绍的意思。等献帝和百官逃出长安，来到黄河以东，袁绍还派颍川郭图去朝见汉献帝。郭图就劝说袁绍迎天子到邺城，袁绍不从。等到曹操迎天子到许都，收河南地，关中皆附。袁绍这才后悔了。他试图让曹操把献帝送到邺城，曹操当然拒绝了。为了安抚袁绍，曹操任命袁绍为太尉，改封邺侯。太尉虽贵，但地位在大将军之下，袁绍深感屈辱，上表不受封拜。建安二年（197年），曹操派孔融出使邺城，拜袁绍为大将军，以缓和矛盾。

曹操纪念馆

　　此后几年，袁绍继续致力于讨伐公孙瓒。建安三年（198年），袁绍亲领大军围攻易京，公孙瓒大败。至此，袁绍占据了幽州，兼并了公孙瓒的军队。

　　袁绍有三子：长子袁谭、次子袁熙、三子袁尚。他宠爱后妻刘氏，对刘氏所生的袁尚特别偏爱，有意以袁尚为嗣，因此以长子袁谭为青州刺史。沮授劝诫说："年纪相当应选择贤者为嗣，德行又相当要用占卜来决定，这是自古以来的原则。将军如果不能改变决定，祸乱就要从这件事上发生了。"袁绍则说："我是准备让几个儿子各据一州，考察他们的才能。"攻克幽州以后，以次子袁熙为幽州刺史，以外甥高干为并州刺史，只留袁尚在身边。

　　袁绍占据冀、青、幽、并四州，拥有几十万军队。他任命沈配、逢纪统军事。田丰、荀谌、许攸为谋主，颜良、文醜为将帅，挑选精锐步兵10万，骑兵万人，要征伐曹操的许都。

　　之前，曹操派刘备到徐州抵挡袁术的进攻。袁术刚一病死，刘备就杀了曹操任命的徐州刺史车胄，背叛曹操，策应袁绍。袁绍也趁机派了一支骑兵来支援刘备。曹操派部将刘岱、王忠讨伐刘备，不能取胜。

建安五年（200 年）曹操为消弭后患，领兵攻打刘备。此时，谋士田丰对袁绍说："曹操东击刘备，一时不容易罢兵，明公如能举兵袭击他的后方，一定可以一往而胜。"但袁绍却以儿子有病为由，拒绝了这个建议。田丰气冲冲地退了出来，边走边用拐杖狠狠地敲着地面，说："完了，没有希望了！天赐良机，却因为儿子有病就丢掉，实在是可惜啊！"袁绍听说以后，恼羞成怒，从此疏远田丰。曹操率兵来攻打徐州，刘备大败，只好投奔了袁绍。

待曹操击败刘备，还军官渡之后，袁绍才匆促决定出兵。2 月，袁绍率领大军抵黎阳，派颜良进攻白马，和曹操的部将刘延展开激战。沮授又劝谏袁绍，说："颜良性情急躁，虽然作战勇敢但不能独领大任。"袁绍不听，结果曹操救刘延，与颜良交战，斩杀颜良，迁徙民众撤向官渡。

袁绍准备挥师渡河，追赶曹军。袁绍渡河后，驻屯在延津南面。他派出刘备、文丑挑战，被曹军打败，大将文丑被斩。再战，又折两员战将和许多人马，袁军中大为震恐。曹军退还官渡后，袁军集结在阳武，沮授忍无可忍，又对袁绍说："北军人多，但英勇善战不如南军；南军粮少，物资储备不如北

霹雳车

军。南军利于速战，北军利于缓兵。所以我军应打持久战。拖延时日。"袁绍仍然不从，命令部队逐渐逼近官渡，紧靠曹军扎营，军营东西绵延数十里。

9月，两军会战，曹军初战失利，躲进营垒中坚持不出。袁绍修筑望楼，堆起土山，从高处发箭射击曹营。箭如雨下，曹营中的将士只得蒙着盾牌走路，士气大大降低。曹操命令工匠们制造了一种石车，将袁军的望楼一个个摧毁，袁军都惊恐地把这种车叫"霹雳车"。袁绍又暗凿通往曹营的地道，准备通过地道偷袭曹营。曹军则在营中挖掘长沟进行防御，同时派出精兵劫击袁绍的运粮车队，烧毁了袁军的粮食。

曹军与袁军相持了100多天，曹操领地内的老百姓困苦不堪，很多人背叛曹军，响应袁军。眼看曹军难以支持，恰巧袁绍派部将淳于琼带领万余人北迎运粮车，沮授特意提醒说："可增派蒋奇领一支人马在淳于琼外侧，防备曹操偷袭。"而谋士许攸则提出趁曹操倾军而出，派轻骑奔袭许都。袁绍都没有听从。事有凑巧，在邺城的许攸家族中有人犯法，被留守的审配抓进监狱，许攸非常不满，愤而投奔曹操。在许攸的谋划下，曹操亲自领兵赴乌巢，袭击淳于琼。

当曹操奔袭乌巢之时，袁军部将张郃主张救淳于琼，他对袁绍说："曹操亲自出马，必然得手，那么事情就无可挽回了。"郭图出主意说："不如现在发兵去进攻曹军大营。"袁绍认为郭图说得对，只要攻破曹营，曹操就穷途末路了。于是派高览、张郃率领重兵攻击曹营，而只派一支轻骑救援乌巢。高览、张郃攻营不下，乌巢大败的消息已经传来了，二将无心恋战，竟自向曹军投降。袁绍全军大乱，一下子全垮了。慌忙之中，袁绍及长子袁谭各单骑逃跑，直奔黄河渡口，随后又逃来一群骑兵，约有八百骑，渡河至黎阳北岸。

曹操把袁军投降的士兵全部活埋。沮授在乱军中没能和袁绍一起渡河，被曹军押解到曹操那里，曹操非常优待他。但他还是想去找袁绍，曹操就把他杀了。

官渡之战，袁绍损失七八万人，武器、辎重、图书、珍宝无数。当他跌跌撞撞地走进部下蒋义渠营帐中时，握着蒋义渠的手，无比伤感地说："我把自己的脑袋都交给你了。"

当初，袁绍决定率领大军南下的时候，谋士田丰就劝告他："曹操善于用兵，变化无常。他的军队数量上虽然比我们少，但也不能轻视，不如跟他打持久战。将军据山河之固，拥四州之众，外结英雄，内修农战，然后挑选精锐之师，分为奇兵，轮流出击，骚扰黄河以南的地区，曹操救援右面就攻击他的左面，救援左面就攻击他的右面，使敌疲于奔命，民不得安业。我军不用全力作战，而敌人已经疲敝了，不出两年，曹操就会被我们拖垮。现在您放弃这样的取胜之策不用，而决成败于一战，万一这一战打不赢，后悔都来不及了。"袁绍不采纳田丰的意见，田丰苦苦劝谏，袁绍很生气，说田丰故意扰乱军心，就给田丰戴上手铐脚链，把他关了起来。

官渡败后，有人对田丰说："您的预言变成了现实，你必将受重用了。"田丰平静地说："如出兵打胜了，我一定能够安全。如今兵败，我必死无疑。"果然，袁绍回到邺城，说："我当初不听田丰之言，今天真的要让他笑话了。"于是下令杀了田丰。袁绍外表宽容文雅，内心却很爱猜忌别人，嫉贤妒能，田丰之死就是一个明证。

建安七年（202 年），袁绍发病而死。

袁绍之子袁谭、袁尚在袁绍死后争权相攻，被曹操各个击破。建安十年（205 年），袁谭被杀，袁尚与二兄袁熙逃亡辽西乌丸。建安十二年（207年），曹操北定乌丸，袁尚、袁熙败走辽东，被公孙康所杀。袁氏势力彻底覆没了。

官渡之战，曹操多谋善断，善于利用袁绍恃强焦躁、用兵无谋、指挥无术的弱点，焚烧乌巢粮草，出奇制胜，是中国古代战争史上上兵伐谋、以奇取胜的著名战例。

以火佐攻者明

曹操打败乌桓、平定北方之后，公元 208 年，他掉过头来率军南下，攻打荆州。刘表这时已死，儿子刘琮懦弱无能，不战而降，使得曹操顺顺当当地占领荆、襄四郡，并收编了荆州的 30 万军队。这时的曹操兵精粮足，其势锐不可挡，号称 80 万，并要一鼓作气把刘备和孙权这两个强硬政治对手消灭掉。

曹操先是在当阳长坂坡打败刘备，接着占领了江陵，继续沿着长江向东挺进，进逼刘备最后的据点——夏口。

诸葛亮见形势危急，对刘备说："形势紧急，我们只有向孙权求救这一条路可走了。"刘备也觉得只能如此，便派诸葛亮到江东，劝说孙权同刘备联合，共同对抗曹操。

就在这时候，曹操向孙权下了战书。孙权与江东将士都很惧怕。孙权召集部下商议对策，以张昭为首的一些人极力劝孙权投降，只有鲁肃一人主张抵抗，和孙权的想法一致。大将周瑜此时去了鄱阳，孙权派人召他回来，想听过他的意见后再做决定。

正当东吴犹疑未决之时，诸葛亮从夏口来了。诸葛亮舌战群儒，帮助孙权分析了曹军的情况，指明了联合抗曹才是唯一的出路，孙权的疑虑焦急暂时缓解了一些。

孙权雕像

匆忙赶回来的周瑜，顾不上回家就来见孙权，文武百官都被重新召集来商议对策。周瑜慷慨激昂地陈说："曹操虽然平定了北方，但进行水战并不一定能取胜，而关西的韩遂、马超也是曹操后方的威胁。曹军不用战马而是用船只来和我们较量，这是弃长用短。现在天气潮冷，战马没有草料，曹操强迫北方中原士兵千里迢迢到江南水乡，水土不服，必定会发生疫病。这些都是用兵的大忌。我请求率3万精兵，进驻夏口，保证为将军打败曹操。"

周瑜的这番话与诸葛亮说的不谋而合，孙权听后，终于下定决心。他从座位上起身，神情严肃地扫视一遍众人，拔出佩剑，"咔嚓"一声，将面前的几案砍去一角，厉声道："谁要再提投降曹操，就同这几案一样。"

周瑜知道孙权担心曹操兵力太强，仍有些放心不下。当天晚上又见孙权，对他说："我已经探听清楚，曹操号称80万大军，不过是虚张声势，实际上不过30万，其中还有不少是收编荆州的士兵，不一定真心为他卖命，曹军虽多，并不可怕，将军不必担心。"

孙权拍着周瑜的背，高兴地说：

"公瑾（周瑜字），你这些话，很合我的心意。张昭等人只是为自己考虑，我非常失望。只有你和鲁肃跟我的想法一样，这是上天让你们二人来帮助我呀。我已经挑选出3万精兵，船只、武器、粮草都已准备妥当。你和鲁肃、程普带领军队先出发，我继续调拨人马，运送粮草，来接应你。如果你能对付得了曹操，当然最好；如果失败，你就回来，让我亲自和曹操决一胜负。"

第二天，孙权任命周瑜为左都督，程普为右都督，鲁肃为参军校尉，率领3万精兵同刘备的军队联合，准备与曹操进行决战。

孙、刘联军出其不意，双方进行初次交锋，曹军先锋吃了败仗，曹军退兵在长江北岸的乌林，与驻扎在南岸的孙刘联军隔江对峙。

九江名士蒋干和周瑜过去有过交往，主动请求过江说服周瑜来降。曹操便派他前去劝说。

周瑜一见蒋干，便知道他的来意。他请蒋干随他观看吴军营寨、仓库和军械，然后说："大丈夫在世，遇到知己之主，情同骨肉，言听计从，祸福相共，即使苏秦、张仪二人再生，也休想说服我，难道你能说得动我吗？"

蒋干听了，只是笑，插不进一句话。直到最后，他也没说上一句劝降的话。他回到曹操那里，把周瑜称赞一番，并说周瑜并不是言词所能打动的那种人。

此时，曹军营中疫病流行，北方来的士兵不惯乘船，大多晕船呕吐。有人给曹操献计，用铁索把战船互相连结，并在上面铺上木板，就可以减轻战船在水上的颠簸，利于士兵行动。正为此事犯愁的曹操听了，非常高兴，赶紧吩咐手下人施行。果然，用铁索连好的战船稳如平地。

皓月当空，江水如镜。曹操立在船头，回顾沿江排列连在一起的千只战船，整装待发；遥望江南，想到即将完成统一大业，他心中不禁豪情勃发，横槊赋诗，畅抒心志。

东吴得知曹操的做法后，急速召集战将商议破敌之策。老将黄盖说："敌众我寡，难以和他们长期相持。现在曹军把战船连结起来，我们正可用火攻的办法打败他们。"周瑜表示赞同，并决定让黄盖具体实施

周瑜塑像

这一计划。

黄盖派人给曹操送了一封信，说要脱离东吴，投降曹操。曹操以为东吴将士害怕了，就信以为真，等着黄盖来投降。

黄盖让士兵准备了十艘大船，船上装满干柴，浇上油，外面用毡布罩好，插上旗帜，另外又准备了一批轻快的小船。

一切准备就绪。天遂所愿，又在这隆冬季节刮起了东南风，黄盖大喜。当夜，他带领士兵登上10艘大船出发，那些轻快小船紧随其后。船到江心，黄盖命令扯起风帆，10只大船如离弦之箭，飞速向曹军大营驶去，船上士兵齐声高喊："黄盖来投降了！"曹营官兵闻声，纷纷出来观看。这时，黄盖命令把10只大船上的柴草一齐点着，然后跳上后面的小船，解开系绳，飞速向南划了回去。10只大船突然变成了10个大火球，它们顺着风势，直向曹营战舰冲去。曹营官兵惊得魂飞魄散，四散逃命，连在一起的战舰根本无法分开，大火借着风势蔓延开来，曹营水寨化成了火海。风强火猛，曹军乱成一团。熊熊火焰映红了江面和江岸峭壁，张辽等人驾小船慌忙接曹操逃走。不一会儿，满江火滚，喊声震天。左边是韩当、蒋钦两支军队从赤壁西边杀来；右边是周泰、陈武两军从赤壁东边杀来；正中是周瑜，程普、徐盛大队船只一齐到来。一时间，曹营大乱，片刻间，死伤大半，其余纷纷逃命，互相践踏而死的人不计其数。此次赤壁大战，曹操大败。

 知识链接

陷之死地而后生

汉王二年（前205年），韩信指挥汉军在井陉口（今河北获鹿西土门）一带大破赵军的奇袭战。当年10月，韩信以数万兵攻赵军。赵将赵歇、陈馀聚20万兵于井陉口附近。谋士李左车以井陉之道数百里崎岖难行为据，建议以3万步兵抄小路断汉军后队粮草辎重，主力则深沟高垒不与交锋，使汉军进退两难。陈馀不听，决定正面迎战。韩信闻知，率部进至离井陉30多里处扎营。夜半，先以2000轻骑，每人持一面红旗，从小路奔赴抱犊山（今获鹿西北）隐蔽，并称待赵军大部离开营垒时即迅速冲入，树起汉军旗帜。韩信料赵军先占地利，不会急于攻击汉军前锋，便派万名汉军为前锋进至井陉口，背泜水（又称鹿泉水）列阵。时至黎明，汉军树大将旗鼓，一路经井陉道出井陉口，赵军出垒迎战，韩信佯败，赵军倾巢追逐，汉军背水搏战，拼死抗击，而伏于抱犊山之汉军骑兵，乘虚突入赵军营垒，树起2000面红旗。赵军进攻受挫欲退，又见营垒内汉军红旗而惊惶。汉军夹击，全歼赵军，杀陈馀于泜水，获赵歇于襄国（今河北邢台南）。此战，韩信背水设阵，实得《孙子兵法》"投之亡地然后存，陷之死地而后生"的精义，故而获胜。

第二节
《三十六计》的战例

 ## 以逸待劳与趁火打劫

所谓"以逸待劳"是指以我方之"逸"待敌方之"劳"的一种策略。"逸"即有利的地形、地位、局势、形势之意。《孙子兵法》讲：

"凡是先到达战场等待敌人的就从容、主动，后到达战场的仓促应战就会疲劳、被动。所以，善于指挥作战的人，总是调动敌人而不被敌人所调动。"（《虚实篇》）又说：

"以自己靠近战场来对待敌人的长途跋涉。以自己的从容休整来对待敌人的奔走疲劳，以自已的粮足食饱来对待敌人的粮尽人饥。"

但是，虽说是"等"，不是依靠天威神助，谋求侥幸，白白浪费时间。而是蓄精养锐，以待敌人疲劳时，一举攻之而取胜。总之，"以逸待劳"的核心是掌握战争主动权。

齐国军师孙膑用"围魏救赵"的战略大破魏军 13 年后。又用"以逸待劳"的策略再次大败魏军。那是公元前 341 年的事，当时，魏国派大军攻打韩国，韩国向齐国求救。齐国国王再次任命田忌为大将，使其去攻打魏国首都大梁，魏国将军庞涓调兵尾随齐军，军师孙膑向田忌建议说：

"魏军一向强悍，轻视齐军，以为齐军胆小，不敢与魏军正面交锋。我们正好可以利用魏军这一点弱点，诱敌深入。兵法讲：为利所诱穷追百里将失去将帅，五十里兵员减半。我军今天挖千万人用饭的炉灶，明天减少为 5 万人用饭的炉灶，第三天减少为 3 万人用饭的炉灶。"

庞涓穷追齐军 3 天，发现灶炉不断地减少，心里非常高兴。他说：

"齐军就是胆小，进入我国还不到 3 天，就有半数以上的人逃跑了。"于是把步兵部队留在后面，自己率领轻骑兵开始猛追。

根据孙膑的计算，魏军大约在傍晚时分到达马陵。马陵是一个狭谷，道路窄小，两边是陡峭的山峰，最适宜埋伏兵，孙膑把大多数狙击兵部署在道路的两侧。

魏军的轻骑兵终于到达了马陵，顿时，齐军万箭齐发，魏军在昏黄的天色中陷入一片混乱，庞涓在混战中自杀身死。孙膑命令部队乘胜追击，结果大获全胜。

三国时代，吴国将军陆逊在迎击刘备大军的"夷陵之战"中，也采用了"以逸待劳"的策略，同样也大获全胜。

公元 221 年，在关羽被孙权袭杀后，刘备便起倾国之力，想要夺回失去的荆州。孙权命陆逊为主将，率军进行抵抗。

当吴国的将领们一听说刘备率领军队来攻打本国。纷纷要求出击，但陆逊不同意。他说："刘备举全军来进攻我国，而且利用天险布下阵势，难以攻破。就算是攻下了它，也无法将其全部歼灭。如果进攻遭到失败，那会招致危险的事态。现在只有提高我方的士气，制订好作战计划，以等待局势的发展变化。如果这里是广阔的平原，一旦展开作战，马上会造成不可收拾的局面，这是值得忧虑的。但是，敌人沿着山区前进，阵势无法展开。而且在山路行军很容易疲惫。我们只要等待敌人疲劳就行了。"

陆逊的这种想法是"以逸待劳"的典型，但部将们难以理解，以为陆逊心里害怕刘备的势力，于是口中发出不满的怨言。

却说刘备命令几千士兵在平地布阵，吴军将领看到这种情形，就想立刻与蜀军作战，但被陆逊阻止住了。陆逊对将领们说："不，这是诱敌的手段，你们等着瞧吧！"

就这样，两军对峙了半年之久，刘备的部队日渐疲劳，整个战场形势开始对吴军有利。陆逊召集部将，命令他们准备反攻。但是，这次又遭到了部将们的反对，他们说："应该在一开始就进攻，如今敌人已经侵入了五、六百里，所攻下的要地都很坚固。在这中间，又经过了七、八个月。现在再进攻他们，必然不能达到取胜的目的。"

但是陆逊反驳说："刘备是一个善于作战的老手，早就身经百战了。如果一开始作战，他的战斗意志十分高的话，可能就无法达到战胜的目的。但是现在战局陷入胶者状态。敌人的士兵疲惫，士气衰竭，他们想不出打开战局的计策，趁这个时机将敌人消灭那将毫无困难。"陆逊便发动了总攻，并利用火攻大破蜀军，赢得了这次战役的胜利。

所谓"趁火打劫"，是指趁别人家里失火时，毫无顾忌地闯入屋里掠取财物的意思。这是趁敌人处于危险混乱之中，而加以攻击的一种策略。

如果对方内部团结，此计难以成功，相反，要是派阀相争不已，国民生活不安定，此计就容易取得成功。

那么，在没有发现对方有可乘之机时，该怎么办呢？有两种对策，一是等待，直到发

陆逊雕塑

现敌人的弱点；二是积极地工作，去培养敌人的弱点。依据中国人传统的道德观，见人有难，应伸出援助之手，但站在谋略的角度，遇到这种情况时，非但不必拉他一把，反而要故意断水、断粮，置之于死地。而且，古时候的中国人认为，两国交战，"趁火打劫"并非卑鄙的行为，而是天赐良机。

春秋时，楚国曾派大军攻打宋国，宋国在泓水岸上列阵迎击。这一天，宋军已经布好阵等待楚军，而楚军别说布好了阵，就连河都没有渡过。看到这种情况，军队司令官目夷向宋襄公建议说："敌人兵力多，我们兵力少。最好在敌人还没有渡过河就发动进攻。"

但是，宋襄公说："不，不，那是胆小的做法。"不理睬目夷的建议。

不久，楚军渡过河正在列阵，目夷再次建议发动进攻，但宋襄公却说："不，对方还没有布好阵。"而迟迟不下攻击命令。结果是显而易见的，势大的楚军胜了势小的宋军，宋襄公本人大腿受了伤，仓惶逃走了。时人以此作为笑柄，称为"宋襄之仁"。

与宋襄公相反，汉高祖刘邦则是会毫不留情地抓住对方的弱点加以攻击。

秦国灭亡后，刘邦和项羽两位英雄豪杰之间的决战称之为"楚汉之战"。这场战争打了三年，起初，项羽的军事力量占压倒优势，而刘邦则屡战屡败，但是，刘邦从不气馁，逐渐地扭转了形势。这样，两年过去了。一到第三年，战略形势明显地有利于刘邦，而项羽则陷于孤立状态，但是，刘邦方面由于经过三年的激战，也很疲惫了。

在这种形势下，根据刘邦的建议，双方签订了停战协定，项羽迅速踏上了归国之途，刘邦也想集合军队撤退。此时，军师张良和陈平相继向刘邦进言说：

"我们已经掌握大半个天下，各地的诸侯也全部归附我们。可是楚国的兵力却消耗殆尽，军粮也用完了。由此可知上天已经要灭亡楚国，将它交给我们手。而你却让这大好的时机轻易地溜走，这不正是应验了一句俗话'养一只老虎，而为自己留下祸根'吗？刘邦接受了他们两人的建议，最后，灭了楚国。这种建议就是"趁火打劫"。

笑里藏刀与李代桃僵

所谓"笑里藏刀"就是用友好的态度接近敌人，使其放松警戒后，一举予以消灭的一种策略。《孙子》也说："如果敌人的使者言辞谦卑，但军队却在积极准备，这是向我进军的预兆；如果敌人的使者态度强硬，并且在行动上摆出要进攻的架势，这是后退的预兆……没有提出具体的保证或和约，仅口头言和，则敌人必有诈谋。"所以，看到敌人笑脸相迎，听到敌人谦词奉承要想到其心里一定另有打算，就是在人生战场上也如此，有些人因别人温和的态度而疏于防范，终至遭受惨败，这种情况不胜枚举。三国时代，蜀国的关羽作为荆州的最高长官驻屯在江陵。当时，他率领大军包围了魏国的樊城。与此同时，驻扎在陆口的吴国智将吕蒙，正暗暗观察关羽出征动向，认为这是趁关羽北上之机，夺取江陵的一个绝好机会。但是关羽并不是没有留心吕蒙，他在江陵留下了很多部队，以防备吕蒙。为了夺取江陵，首先必须使关羽放松警惕。于是，吕蒙假装呆在南京，陆口的最高长官由一个叫陆逊的无名之辈担任。当时，吕蒙与陆逊无论就年龄、资历来讲，相差太大。关羽听到由陆逊这样的年轻之辈，代替身经百战的吕蒙，感到极为高兴。

陆逊虽然是年纪不大，但却是一个难以对付的谋略高手。他一到陆口赴任，就马上给关羽写了一封信，盛赞关羽的武勇，说自己是一个无能之辈。目的是以谦虚的态度麻痹关羽。

因此，放松警惕的关羽将留在江陵的兵力全部投入对樊城的包围战。等待多时的吕蒙偷偷地率领部队攻入江陵，结果不战而胜。

性格单纯的关羽，就这样被吕蒙和陆逊设计的"笑里藏刀"的策略所欺骗，悲惨地走向死亡之路。

大唐武则天的时代，有个名叫李义府的人，一看就知道是个温厚善良的人，跟别人说话总是笑容可掬，但是一当上宰相掌握权力后，对于忤逆自己的人从不手软。时人因此说"义府笑里藏刀"。在满脸笑容的背后隐藏着可怕的权谋数术，但李义府行使的对象是政界同僚，因此，引起了他们的憎恨，不久就垮台了。

但是，如果用"刀"的对象是敌人，那又另当别论了。

宋代有一个叫曹玮的人，担任渭州的最高长官，负有防御西夏入侵的重任。有一天，他正召集属下的将领们举办酒宴的时候。突然有人来报告说，有几千士兵发动叛乱，逃到西夏去了。顿时，将领们不知如何是好，只有曹玮脸不改色，仍旧谈笑风生。他慢悠悠地说："他们是执行我的命令去西夏的，不要大惊小怪。"西夏一听说后，就把逃亡来的宋朝士兵全部杀了。

所谓"李代桃僵"就是损李摘桃的策略。也可以说是"为了割取敌人的肉，就要让敌人割自己的皮；为了砍断敌人的骨头，就要忍痛让敌人割自己的肉"的战略。因为是打仗，必然会有损失。此时，将损失减到最低限度那是无庸置疑的；与此同时，能够获取超过损失的利益，必须使用"李代桃僵"的策略，在围棋里叫"舍石作战"。在人生战场，企业经营里也可采用这种策略，必须有割舍的决心，常要牺牲一小部分，以此来完成整个计划。

在春秋时代，晋国有个叫屠岸贾的大臣，此人善于阿谀奉承。在景公即位后不久升为大司寇，他想发动一次政变，来夺取赵氏大权，消灭赵氏一族。

屠岸贾雕塑

部将韩厥将屠岸贾的阴谋告诉了赵盾的儿子赵朔，帮助他暂时逃避。赵朔不肯，他说："事已至此，已无处可逃，希望你为我们赵家保存一点血脉，死则也没有遗憾了。"

于是，赵朔便告知门客程婴，叫他护送身为公主的妻子入宫，当时公主已怀孕在身。第二天早晨，屠岸贾率领大军包围赵府，把赵家男女老少全部杀光，后来检验尸体唯独不见赵朔之妻牡姬公主一人。有人告密说，公主入宫去了，于是屠岸贾便入宫禀告景公，想斩杀公主，说公主已经怀孕，若今日不诛，日后生下男孩，当年赵氏杀死灵公的历史就会重演。景公便说如果生下男孩便加以诛杀。于是，屠岸贾便时时派人探听公主生孩子的消息。

后来，公主果然生下一个男孩，消息一传到屠岸贾的耳中，他就立刻率人进宫搜查。幸喜苍天保佑，赵氏孤儿逃过一劫。屠岸贾到处搜也没有搜到，以为孩子已经运出宫了，便悬赏捉拿。

再说赵盾生前有一名食客。名叫公孙杵臼，为人十分忠诚。程婴知道屠岸贾没有搜到赵氏孤儿，正在悬赏搜捕，便对公孙杵臼说："这次他们虽然没有搜到，但日后必然不会死心，会再次入宫搜查，唯今之计，只有把婴儿偷出宫来，藏在远方才是万全之策。"于是两人商量，找一个出生不久的婴儿，冒充为赵氏孤儿，由公孙杵抱往首阳山躲藏，程婴再假意告密，恰巧当时程婴的妻子也刚生下一名男孩，因此半夜他偷偷地把儿子交给公孙杵臼，带往首阳山，再把计划告诉韩朔。

一切安排妥当之后，程婴便直奔屠岸贾处，承认自己和公孙杵臼受赵夫人之托，带走赵氏孤儿，呆在深山里。但因害怕日后泄漏出来，全家遭殃，因此先告发，不但可以保全家的性命，还可以得千金的赏银。屠岸贾听后大喜，赶忙随程婴前往首阳山，公孙杵臼一见屠岸贾回身就走。屠岸贾命令士兵追上绑住，拷问他将婴儿藏在何处，公孙杵臼矢口否认，大骂程婴无仁无义，忘恩负义。但士兵很快就搜出了正在啼哭的婴儿。屠岸贾下令杀死公孙杵臼，当场摔死婴儿。

正当屠岸贾到首阳山搜查时，韩厥托心腹假扮医生混入宫中，为赵夫人看病，将小孩偷偷抱出宫外。

15年之后，赵氏孤儿已长大成人，景公也了解了赵家的冤情，于是下令为赵家平反，屠岸贾被斩杀。

这个故事，是一个悲壮的"李代桃僵"之计。

战国时，孙膑被齐国将军田忌招为幕僚时，田忌跟齐国的公子们经常赛马取乐，赌以重金。军师孙膑观察到他们所派的马匹实力不相上下，而且各分上、中、下三等竞赛，于是想出了一个计策。他对田忌说："这次赛马会赢。"田忌听后信心大增。不仅公子们，就连国王也押以重金，准备大赔一场。

却说比赛的那一天终于到了，孙膑悄悄地对田忌说："以您的下等马对他们的上等马，以上等马对中等马，以中等马对下等马。"结果，田忌只输了一次而赢了二次，巧妙地将重金赢过来了。这是舍一取二的作战，可以说是"李代桃僵"的典型。

假痴不癫与瞒天过海

所谓"假痴不癫"，就是假装愚蠢，使对方放松警惕的一种策略。"大智若愚"的做法，自古以来，许多能人智士都十分内行，有的甚至装呆装傻，其实这是明哲保身之道。有些人表面看起来十分愚笨，其实十分聪明，了解一切进退往来，随时在静待时机，这种人最可怕。

但是，装傻要装得像。因此，该计谋成功的关键在于"假痴"的表演艺术如何。

三国时代，诸葛孔明的劲敌司马仲达后来作为魏王朝的重臣、元老而加以重用。但是，出身名门的曹爽在势力扩大以后，设法夺去了司马仲达手上的兵权。仲达以得病为由，回到官邸闭门不出。但是，对于想进一步扩大权力的曹爽来说，司马仲达的存在是一个很大的威胁。一次，曹爽派一名使者去探听虚实。

使者被请到屋里，看到司马仲达拥被坐在床上，背后有二个侍女扶着，衣服似乎要从肩上掉下来，由侍女帮着才穿上，以手指口，发出含糊不清的声音，好像说要喝茶。侍女拿着茶让他喝，结果弄得满衣都是茶水。跟使者说话也是答非所问。

使者回去后向曹爽报告说："仲达说话前言不答后话，衰老至极，看来死期已不远了。"

曹爽听后，完全放心了，再不以仲达之事为念。一个月以后，仲达突然发动政变，夺取了权力，"假痴不癫"计谋获得了成功。

看去愚蠢，实际上极为精明，这是"假痴不癫"之计的特征。下列所举的也许是一个很好的例子。

宋代有一个叫狄青的名将，皇帝令他去征讨南方的少数民族。当时，南方有崇尚鬼神的风俗，因此，他故意假托鬼神的意旨说："这次用兵的胜负实在不敢预料。"

狄青说完，拿出100枚铜钱说："如能获得大胜利，我将这些铜钱撒在地面上时，一会全是正面朝上。"站在旁边的部下阻止他说："万一不是那样，会影响部队士气的。狄青不理睬部下的忠告，在士兵们众目睽睽之下，举起手将所有的铜钱全撒在地上，结果100枚铜钱全是正面朝上。于是，全军发出雷鸣般的欢呼声，狄青也很兴奋，他叫左右侍从拿一百颗钉子将铜钱钉在地上，牢牢地固定住，然后以青纱布盖上，说："凯旋返回的那天，我们再到此地，感谢鬼神，收回铜钱。"

古代铜钱

不久之后，狄青平定邕州（广西南宁），凯旋而归。于是，依先前誓言，收回铜钱，部下们一看，原来所有的铜钱两面都是相同的。

瞒天过海与假痴不癫有些类似，都是利用计谋麻痹大意敌人，暗中准备，给予对方致命一击。我们举明朝的两个例子作为说明。

公元 1368 年，大将徐达和常遇春在攻克了元朝的都城大都（今北京）后，统率大军继续向山西挺进。这时候，元朝太原守将扩廓帖木儿却击败渡过黄河的明将汤和，并乘胜进军，出雁门关（今山西代县北部），逼近居庸关，企图夺回大都。徐达与诸将商议对策。道："扩廓帖木儿倾主力远出，太原一定空虚。古人有围魏救赵之举，我们何不仿效古人，避实击虚，直克太原？"众将齐声说"好"。于是，徐达决定不回师增援大都，而是亲率骑兵。迅速扑向太原。果然，扩廓帖木儿已经进至保安（河北涿鹿），听说徐达进军太原。担心老巢被端，立刻下令回师救援。

双方大军在太原附近相遇。徐达的军队全是骑兵，步兵尚未到达。徐达与大将常遇春正在营中谋划，忽有亲信来报："扩廓帖木儿部将豁鼻马愿意投降做内应，现派人来商讨。"常遇春道："元顺帝及后妃、太子等人早已逃往开平（今内蒙古多伦西北），元军已成崩溃之状。扩廓帖木儿只是一支孤军，败局已定，因此豁鼻马的投降可信。"

徐达认为常遇春的判断有理，并说："我军只有骑兵，与扩廓帖木儿正面交锋只能吃亏。如果利用豁鼻马为内应，集中兵力，乘夜奇袭，定能大破扩廓帖木儿！"两位主将的意见取得了完全的一致。当天夜晚，他们一面派出使者与豁鼻马取得联系，一面倾营而出，悄悄地包围了扩廓帖木儿的大营。

在豁鼻马的策应下，明军突然杀入扩廓帖木儿的营中。扩廓帖木儿尚未就寝，忽闻营中一片喊杀声，急忙出营上马，在 18 名亲信的保护下，拼死杀出一条血路，逃命去了。徐达大破扩廓帖木儿，还收降了豁鼻马的 4 万精兵，乘势直捣太原。太原元军本来就不多，又闻扩廓帖木儿已经逃走，于是抛下城池，一个个落荒而逃，徐达不费吹灰之力就占领了太原。

明太祖朱元璋死后，因继承人皇太子朱标早已亡故，由长孙继位，亦即建文皇帝。建文年纪虽小，却相当精明，为使皇权免于受控制，大刀阔斧地来了个削藩运动，逐步把这批对皇朝有威胁的势力肃清，只有宁王和燕王因环境特殊，还未敢贸然下手。燕王也相当精明，他最清楚自己的处境，便一直诈病，以使朝廷不疑他有变。

建文帝并不因他"病重"而松懈，派亲信工部侍郎为燕京布政使，谢贵为都指挥，把燕地文武两权夺了过来。燕王眼见这种夺权把戏，无非因自己而发，为保全性命，便诈癫扮傻。溜出王府，整天在街边游荡，口出狂言，见物就抢，十足一个疯子模样。建文帝得知便立即采取行动，密令城防副司令张信对燕王下手。

张信原是燕王亲信，不忍对他下手，便拿出建文帝的手谕去见燕王，说："朝廷命我擒拿殿下，如果殿下有意，就坦诚相告，让大家想个办法，否则便是肉在砧上，宰割由人。"燕王一见连忙下床，向张信叩谢，商量救急之计。张信依计行事，当晚下令把燕王的部将全体逮捕，说是有造反嫌疑，要押赴朝廷处决。这一着无非掩人耳目。他又暗中派出精壮士兵，埋伏在东殿两旁；宫门内外，密布便衣警探。

第二天，燕王声称病已好了，要召见二人。张、谢两人带了很多卫兵前往，到了礼端门，燕王扶杖把他们迎进去，卫队却被拒于门外。宴会行酒间，一片欢乐气氛，左右侍卫献上几个西瓜，大家都吃起来，燕王忽将手上的西瓜往地上一摔。这原来是个暗号，两旁埋伏的士兵一见，随即拥了出来，不由分说就把谢贵等人斩首，然后起兵向南京进军，不久便攻破皇城，建文帝不知所终。

美人计与空城计

所谓"美人计"就是运用女人，消磨敌人意志的一种策略。将帅是军队的灵魂，也是群龙之首。所以，攻击的焦点即在于此。任何人都有弱点，有些是致命的，只要击其一点，就会全线崩溃。而一般最大的弱点是什么呢？是对女色的贪婪，尤其是美女，是天下最厉害的武器。不论是多么英勇的武将，也很难过美人关。兵书《六韬》也把美人计作为瓦解敌军的一种手段，其中写有"辅其淫乐，以广其志，厚赂珠玉，娱以美人"之类的话。

总之，"美人计"是笼络对方，消磨其意志的一种最好的策略。周文王和越王勾践都曾成功地使用过这条计策。

殷商的纣王以暴戾闻名，而西伯姬昌因为实行了清明的政治，在诸侯中很有威望。有人看到这种情况，就去向纣王报告说："西伯行善政，目的在于收买诸侯之心。如果现在不加以制止，将来就不好办了。"纣王听从了这个人的建议。

于是，纣王就将西伯逮捕起来，并加以幽禁。西伯的生命危在旦夕。西

范蠡画像

伯的部下得知这种情况后，马上寻找美女、骏马、搜集各种奇珍异宝，通过宠臣献给了纣王。由此，纣王高兴地说："既然给我送了这么多好东西，不放西伯不好。"于是就将西伯释放了，还恢复了西伯原来的官制。西伯也是因为"美人计"而幸免于难。

后来，西伯的儿子姬发灭商建立了周朝，尊自己的父亲为周文王。

春秋时代末期，越王勾践被吴王夫差打败，在会稽山屈辱地接受了败战条件，他在允许回国后，卧薪尝胆，发誓要雪会稽山之耻。为了准备将来的复仇战争，他着手两方面的工作。

一是对国内进行改革。他亲自率先从事农业劳动；同时，广招人才，大力发国力和军力。二是对夫差的工作。为了充实自己的国力，必须使夫差放松对越国的监视，以赢得时间，作为基本工作的一环，决心用女人来摧毁吴王夫差。

越王勾践的大臣范蠡为了推行既定的策略，于是，外出寻访美女，终于发现了在溪边浣纱的西施。西施之美连范蠡也惊呆了。西施出奇地超凡脱俗，气质清丽。举止温柔，虽然她当时还只是一个8岁的小女孩。

范蠡付了一大笔钱给西施的父母，然后将她带回府中，命人教她诗、书、舞蹈、乐曲、礼节等。过了8年，西施已长成为一个倾国美人，入献吴王的日子终于到了。

临行前，范蠡交给西施两项任务：一是让夫差沉迷于酒色，浪费钱财；二是离间夫差股肱之臣伍子胥。

西施这位美妙绝伦的女间谍到吴国后，真使夫差沉醉在温柔富贵乡，还离间了忠臣伍子胥，最后还将他逼入死地，圆满地完成了任务。

最后，勾践趁夫差北上与鲁国、卫国会盟时，出兵击吴，大获全胜。

"空城计"是在我方处于劣势的情况下，更加显示没有防备，以此迷惑敌人判断的一种心理作战。这种作战的目的，不是战胜敌人，而是要赢得时间，避开敌人的进攻，大多是在死中求生时用。

使"空城计"一举扬名的是诸葛孔明，当时，他采用这种策略，退走了司马仲达的大军，事实上这不过是小说的虚构。但是，在实际的作战中，有人常常采用该策略，并取得了成功。

小说《三国演义》是这样描述孔明的"空城计"的。

当孔明得知马谡率领的先锋部队大败的消息后，孔明迅速命令全军撤退。与此同时，自己退到西城，指挥搬运粮食。这时，流星马报告说：

"仲达率领15万大军逼近西城。"而城里只有3500名守军。周围的参谋们一个个吓得惊慌失措。但是，孔明说：

"把旌旗全部藏起来，诸军各守城铺，若有妄行出入，高声言语者斩。"并

西施雕塑

命令大开四门，每一门上用20名军士，洒扫街道。他又强调说：

"如魏兵到时，不要慌忙，我自有计策。"于是，他自己脱掉作战服，换上道士服装，于城上楼前，面对敌国大军，凭栏而坐，焚香操琴。杀到城外的司马仲达见此情景，忙命令全军后退。在旁边的次子司马昭建议说："莫非诸葛亮无军，故作此态？父亲何故便退兵？"司马仲达回答说："不，孔明平生谨慎，不曾弄险。今大开城门，必有埋伏。我军若进，定中其计。你们哪里知道，快退。"于是，两路军马尽都退去。

孔明见魏军远去，抚掌而笑。众官无不骇然，问孔明说："司马仲达乃魏之名将，今统兵15万精兵到此，见了丞相，便很快退去，为什么？"孔明回答说："仲达料我平生谨慎，必不弄险；见如此模样，疑有伏兵，所以退去。我并非行险，而是不得已而用之。"

这是对"空城计"一事的渲染，像前面述及的那样，如从当时的情况来看，不可能发生，这只不过是虚构的故事而已。

在实际作战中，使用"空城计"并取得成功的很少。中国历史上第一个使用空城计的是春秋时期郑国的叔詹。

公元前 666 年，楚文王去世，王后息妫是一位倾国倾城的美人，楚文王的弟弟公子元想讨好嫂嫂，得到美人的欢心，因此在息妫寝宫附近的馆台中日夜歌舞。奏靡靡之音。息妫知道公子元的用意，感叹道："我的丈夫文王，不问军事，未曾向国外扬威，致使声望日下。阿叔身为令尹，不奋发图强，重振国威，却沉醉于靡靡之音中，真令人担心！"

息妫的话传到公子元耳朵里，公子元想炫耀一下楚国的武力。讨好嫂嫂，决定派军队出去打几个胜仗。于是，他率领大军去攻打邻邦郑国。楚国大军一路连下几城，直逼郑国国都。郑国国力较弱，都城内更是兵力空虚，无法抵挡楚军的进犯。

郑国危在旦夕，群臣慌乱，有的主张纳款请和，有的主张拼一死战，有的主张固守待援。这几种主张都难解郑国之危。上卿叔詹说："请和与决战都非上策。固守待援，倒是可取的方案。郑国和齐国订有盟约，而今有难，齐国会出兵相助。只是空谈固守，恐怕也难守住。公子元伐郑，实际上是想邀功图名，讨好文夫人。他一定急于求成，又特别害怕失败。我有一计，可退楚军。"

郑国按叔詹的计策，在城内做了安排。命令士兵全部埋伏起来，不让敌人看见一兵一卒。并令店铺照常开门，百姓往来如常，不准露一丝慌乱之色。大开城门，放下吊桥，摆出完全不设防的样子。

楚军先锋到达郑国都城城下，见此情景，心里起了怀疑，莫非城中有了埋伏，诱我中计？因此不敢妄动，等待公子元。公子元赶到城下，也觉得好生奇怪。他率众将到城外高地观望，见城中确实空虚，但又隐隐约约看到了郑国的旗兵甲士。公子元认为其中有诈，不可贸然进攻，应先进城探听虚实，于是按兵不动。

这时，齐国接到郑国的求援信，已联合鲁、宋两国发兵救郑。公子元闻报，知道三国兵到，楚军定不能胜。好在也打了几个胜仗，还是赶快撤退为妙。他害怕撤退时郑国军队会出城追击，于是下令全军连夜撤走，人衔枚，马裹蹄，不出一点声响。所有营寨都不撤走，旌旗照旧飘扬。

第二天清晨，叔詹登城一望，说道："楚军已经撤走。"众人见敌营旌旗招展，不信已经撤军。叔詹说："如果营中有人，怎会有那样多的飞鸟盘旋上下呢？他已用空城计欺骗了我们，急忙撤兵了。"

连环计的应用

所谓"连环计"，就是使敌人相互牵制，削弱力量的一种策略。第一次的计谋，是使敌人神经不堪打击；然后加以进攻。这样，一次、两次甚至两次以上的计谋，首先是消耗敌人，然后加以消灭，这就是"连环计"。

宋王朝遭受强大金军的进攻，常常处于劣势。但是，也有将军使用巧妙的策略，大破优势的金军。例如毕再遇将军就是其中一个。他的战法就是这样，与金军对阵时，敌进则退，敌退则进，避免正面决战，用游击战术疲劳对方。等到天昏地暗时，他又把预先用香料煮好的黑豆撒在阵地上，又往前挑战，并假装败退。敌人乘胜追击，但他们的战马已经饿了，嗅到豆子的香味，立即吃起来，就是用鞭子抽打也不肯走动。这时，毕再遇率领部队反攻，于是，大获全胜。

图片授权

全景网

壹图网

中华图片库

林静文化摄影部

敬　启

本书图片的编选，参阅了一些网站和公共图库。由于联系上的困难，我们与部分入选图片的作者未能取得联系，谨致深深的歉意。敬请图片原作者见到本书后，及时与我们联系，以便我们按国家有关规定支付稿酬并赠送样书。

联系邮箱：932389463@qq.com

参考书目

1. 王慧．中国红：古代兵书．合肥：黄山书社．2012

2. 唐复全，谢适汀．兵书精要：军事实战的理性升华．北京：蓝天出版社．2011

3. 王兆春．中国读本——中国历代兵书．北京：中国国际广播出版社．2010

4. 解文超．明代兵书研究．天津：天津人民出版社．2010

5. 一兵．兵之书——中国古代兵书大全集．武汉：武汉出版社．2009

6. 王兆春．中国古代兵书．北京：北京科文图书业信息技术有限公司．2008

7. 李兵．中华兵书宝典．北京：京华出版社．2006

8. 王兆春．速读中国古代兵书．北京：蓝天出版社．2004

9. 于汝波，李兴斌等．中国经典兵书．济南：山东友谊出版社．2002

10. 徐勇．先秦兵书通解．天津：天津人民出版社．2002

11. 许保林．中国兵书通览．北京：中国人民解放军出版社．2002

12. 袁阆琨．中国兵书十大名典．沈阳：辽宁人民出版社．2000

13. 程素红．中国历代兵书集成．北京：团结出版社．1999

14. 王兆春．中国历代兵书．北京：商务印书馆．1996

中国传统风俗文化丛书

一、古代人物系列（9 本）
1. 中国古代乞丐
2. 中国古代道士
3. 中国古代名帝
4. 中国古代名将
5. 中国古代名相
6. 中国古代文人
7. 中国古代高僧
8. 中国古代太监
9. 中国古代侠士

二、古代民俗系列（8 本）
1. 中国古代民俗
2. 中国古代玩具
3. 中国古代服饰
4. 中国古代丧葬
5. 中国古代节日
6. 中国古代面具
7. 中国古代祭祀
8. 中国古代剪纸

三、古代收藏系列（16 本）
1. 中国古代金银器
2. 中国古代漆器
3. 中国古代藏书
4. 中国古代石雕

5. 中国古代雕刻
6. 中国古代书法
7. 中国古代木雕
8. 中国古代玉器
9. 中国古代青铜器
10. 中国古代瓷器
11. 中国古代钱币
12. 中国古代酒具
13. 中国古代家具
14. 中国古代陶器
15. 中国古代年画
16. 中国古代砖雕

四、古代建筑系列（12 本）
1. 中国古代建筑
2. 中国古代城墙
3. 中国古代陵墓
4. 中国古代砖瓦
5. 中国古代桥梁
6. 中国古塔
7. 中国古镇
8. 中国古代楼阁
9. 中国古都
10. 中国古代长城
11. 中国古代宫殿
12. 中国古代寺庙

五、古代科学技术系列（14 本）

1. 中国古代科技
2. 中国古代农业
3. 中国古代水利
4. 中国古代医学
5. 中国古代版画
6. 中国古代养殖
7. 中国古代船舶
8. 中国古代兵器
9. 中国古代纺织与印染
10. 中国古代农具
11. 中国古代园艺
12. 中国古代天文历法
13. 中国古代印刷
14. 中国古代地理

六、古代政治经济制度系列（13 本）

1. 中国古代经济
2. 中国古代科举
3. 中国古代邮驿
4. 中国古代赋税
5. 中国古代关隘
6. 中国古代交通
7. 中国古代商号
8. 中国古代官制
9. 中国古代航海
10. 中国古代贸易
11. 中国古代军队
12. 中国古代法律
13. 中国古代战争

七、古代文化系列（17 本）

1. 中国古代婚姻
2. 中国古代武术
3. 中国古代城市
4. 中国古代教育
5. 中国古代家训
6. 中国古代书院
7. 中国古代典籍
8. 中国古代石窟
9. 中国古代战场
10. 中国古代礼仪
11. 中国古村落
12. 中国古代体育
13. 中国古代姓氏
14. 中国古代文房四宝
15. 中国古代饮食
16. 中国古代娱乐
17. 中国古代兵书

八、古代艺术系列（11 本）

1. 中国古代艺术
2. 中国古代戏曲
3. 中国古代绘画
4. 中国古代音乐
5. 中国古代文学
6. 中国古代乐器
7. 中国古代刺绣
8. 中国古代碑刻
9. 中国古代舞蹈
10. 中国古代篆刻
11. 中国古代杂技